8

GÉNÉALOGIE

DES

DE LA GRANDIÈRE

1280-1894

ANGERS

LACHÈSE & Cᶦᵉ, Imprimeurs-Libraires

4, CHAUSSÉE SAINT-PIERRE

—

1894

GÉNÉALOGIE

DES

DE LA GRANDIÈRE

VIRTVTE ET VNGVIBVS POTENS

GÉNÉALOGIE

DES

DE LA GRANDIÈRE

1280-1894

ANGERS

LACHÈSE & Cⁱᵉ, Imprimeurs-Libraires

4, CHAUSSÉE SAINT-PIERRE

—

1894

GÉNÉALOGIE

DE LA GRANDIÈRE [1]

Entre les maisons nobles et anciennes de la province d'Anjou, celle des DE LA GRANDIÈRE est une des plus nobles et des plus anciennes. Elle a pris son nom de la terre de la Grandière, qui est dans cette maison de temps immémorial et qui est située dans la commune de

[1] Cette généalogie, jusqu'en 1671, est extraite, en partie, d'un in-quarto imprimé qui a pour titre :

Vitæ
Petri Ærodii
Quæsitoris Andegavensis
et
Guillelmi Menagii
Advocati Regii Andegavensis
Scriptore
Ægidio Menagio
Parisiis
Apud Christophorum Journel, viâ
Jacobæa sub signo Sancti Johannis
M.DC.LXXV
Cum permissu

Neuville, du côté de Grez, proche la rivière du Maine, à cinq lieues d'Angers (1). .

C'est ainsi que s'exprime le savant Gilles Ménage, en commençant la généalogie de cette maison dans son ouvrage sur la *Vie de Pierre Ayrault* (2).

Ils furent seigneurs de la Grandière, de Portebise, de Montgeoffroy, de la Clérambaudière, de Foulles, de Lavau, de la Saulaye, de Mons, de Courvalain, de la Motte-Sebron, de la Bodinière, de Laillée, de Loiré, de

Elle a été complétée et augmentée à l'aide de renseignements pris dans les archives de la famille, à la Bibliothèque nationale, à la Bibliothèque d'Angers et d'anciens papiers retrouvés à la mairie de Grez-Neuville.

Pour les familles alliées, les renseignements ont été puisés dans divers auteurs, entre autres : D'Hozier, La Chesnaye des Bois, Borelle d'Hauterive, Pol de Courcy, Denais, Beauchet-Filleau, etc.

On lit dans les *Remarques sur la vie de Guillaume Ménage*, page 417, que sa fille Lucrèce Ménage, dont la mère s'appelait Madeleine Louet, une des premières familles d'Angers, avait épousé M. Louis-François de la Grandière, seigneur de la Grandière, fils aîné et principal héritier de noble et puissant (ce sont les termes de son contrat de mariage) René de la Grandière et de Françoise de Beauregard. Son contrat de mariage a été passé à Angers, le 15 juin 1671, par Noël Brouin, notaire royal.

C'est à l'occasion de ce mariage que le même auteur donne, de la page 417 à la page 439, le sommaire de la généalogie des de la Grandière.

(1) Elle possède encore cette terre qui fut son berceau il y a plus de six siècles, qui fut démembrée au moment de la Révolution et reconstituée en partie depuis. Indépendamment de la terre de la Grandière, cette famille a eu de nombreuses possessions seigneuriales à raison desquelles elle a toujours servi aux arrière-bans des provinces d'Anjou, du Maine, de Normandie et de Bretagne. Elle a eu plusieurs chevaliers de l'ordre du Roi et s'est alliée aux plus anciennes familles.

(2) Ce Pierre Ayrault est le célèbre avocat de Paris, né à Angers, en 1536, et mort dans cette ville en 1601. Il y remplit avec distinction la place de lieutenant criminel, que ses descendants occupèrent longtemps après lui. Il a laissé deux bons ouvrages : 1° Le *Traité de l'ordre et instruction judiciaire*, dont les anciens Grecs et Romains ont usé en accusation publique, livre plein de recherches ; 2° *De la Puissance paternelle*, fait à l'occasion d'un de ses fils qui avait revêtu l'habit des Jésuites. Ce livre contient également, en latin, la *Vie de Guillaume Ménage*, avocat du Roi, à Angers.

Cocherel, de Houlebec, de la Roche-au-Felle, de Mercé, de Boisgautier, de Grimonval, de la Giraudière, du Landreau, de la Grange, du Plessis, en Anjou, au Maine, en Normandie et en Bretagne.

Un tableau, de la main de M. Chérin de Barbincourt, employé au cabinet des ordres du Roi pour les preuves de cour, et dressé sur titres au mois de janvier 1787, rappelle la filiation des de la Grandière depuis 1300. Les preuves de Saint-Cyr, de 1686, conservées dans le fond de d'Hozier, à la Bibliothèque nationale, en donnent également la filiation depuis 1312.

Les seigneurs de cette maison portent :

D'azur au lion d'argent couronné, armé et lampassé d'or (1). Devise : *Virtute et unguibus potens.* (Voir pl. n° 1 et n° 11.)

Ces armes sont surmontées d'une couronne de Comte et ont pour supports deux lions ou deux nègres.

---

(1) Quelquefois on trouve le lion couronné, armé et lampassé de gueules. Ce sont les membres de la branche de Bretagne qui substituèrent deux nègres aux lions comme supports. On trouve aussi souvent comme devise : *Ungue et virtute potens.*

I

LUC DE LA GRANDIÈRE

Luc de la Grandière est le premier de ce nom dont on a connaissance (1). Il était chevalier. Il a été fondateur, en 1280, d'une chapelle dans l'abbaye de Saint-Serge d'Angers (2).

On ne connaît pas son alliance.

II

HAMELIN DE LA GRANDIÈRE

Hamelin de la Grandière, fils de Luc, est mentionné dans des titres de 1300, 1302 et 1312. En 1300 il prend qualité de chevalier. Il avait épousé, en 1280, ÉLISABETH DE LA JAILLE (3), comme il se voit par un testament qu'elle fit en 1300. Il est appelé Monsour dans une quittance datée du

(1) On trouve en 1150 une Huguette de la Grandière, qui épousa un du Bailleul, d'une famille noble de Normandie. Elle était fille de haut et puissant seigneur de la Grandière. Mais on ne retrouve pas la filiation complète de la famille avant Luc.

Les du Bailleul seigneurs de Hercé ont eu deux de leurs membres, Guérin et Simon, croisés en 1158.

Ils portaient : D'argent à trois têtes de loup de sable arrachées de gueules et lampassées de même, posées 2 et 1. (Voir pl. n° 3.)

(2) Ce qui est connu par les mémoires de la maison de la Grandière et par les archives de l'Église de Saint-Serge.

(3) Il y a eu en Anjou deux maisons de la Jaille, en latin *de Gallia*. — L'une de ces maisons a été appelée La Jaille de Bretagne, parce qu'une branche de cette maison s'est habituée en Bretagne, et La Jaille de Durtal et La Jaille-Yvon, parce qu'elle a possédé ces

mardi avant l'Ascension 1300, et il est à remarquer, à ce propos, qu'en ce temps-là la qualité de Messire n'était point encore établie en France.

Il fit foi et hommage pour son hébergement de la Grandière le dimanche (26 avril) avant la Saint-Jacques et la Saint-Philippe 1304.

Il mourut en l'année 1312.

Ils eurent pour enfants :

1° Guillaume de la Grandière ;

2° PERONELLE DE LA GRANDIÈRE, qui eut une livre de terre en partage, c'est-à-dire, suivant du Cange, dans son *Glossaire*, une portion

terres en Anjou. On y trouve Yves, témoin d'une donation à Lehon, en 1149, et qui fit une donation à la Vieuville en 1279 ; Yves, fils du précédent, se croisa en 1199, et fut père de Nicolas, qualifié *Miles*, dans un acte de 1234, passé à Candé ; Yves, fils de Nicolas, épousa, vers 1263, Mahaut, dame de Pordic ; Yvon, fils du précédent, fut marié à Isabeau de Coesmes, veuve en 1300, et mère d'un autre Yvon, tué au siège de la Roche-Derrien en 1347. — La branche aînée de cette famille a fini à Marguerite, mariée à Hardouin de la Porte, baron de Vezins, morte en 1408, et la branche cadette a fini à Marguerite, morte en 1554, et mariée, 1° à René du Matz, 2° à René de Scépeaux.

Cette famille portait : d'argent à la croix fuselée de gueules. (Voir pl. n° 2.)

L'autre famille de la Jaille est appelée la Jaille-Talbot ou la Jaille-Londunois, parce qu'elle a possédé la terre de la Roche-Talbot, dans le Maine, et celle de la Jaille dans le Londunois. On y remarque Emery, sénéchal d'Anjou, en 1207, marié à Léotice des Roches dont il prit les armes (d'argent à la bordure de sable chargée de huit besans d'or). Tristan, seigneur de Beuxes, marié à Eléonore de Maillé, accompagna du Guesclin en Galice, en 1386 ; Tristan, fils du précédent, épousa Lorette d'Anjou, dame de la Roche-Talbot, et fut conseiller de Louis, duc d'Anjou et roi de Sicile, en 1421 ; Chrétien, sénéchal d'Anjou témoin au traité de mariage de Yolande d'Anjou avec François de Montfort, en 1341 ; Bertrand, chambellan du roi de Sicile, capitaine de Loudun, en 1439 ; Pierre, grand sénéchal de Provence ; Ysabeau, abbesse du Ronceray ; Aymar, seigneur de la Roche-Talbot, témoin du traité de mariage de Louis de Rohan, seigneur de Montbazon, avec Renée du Faou, en 1491 ; Jean, abbé de Chalocé, mort en 1521 ; René, seigneur de Marsilly, et François, seigneur des Bionières, gentilshommes de la maison du comte de Montbazon, en 1540 ; René, chevalier de Malte, en 1599 ; un commandant en chef de l'artillerie de Charette, tué en 1796, à l'affaire de la Bigaudière ; une fille à Saint-Cyr, en 1749 ; un général de brigade en 1870, mort en 1889 ; un général de division en 1877 et un contre-amiral en 1883.

Cette famille porte : D'argent à la bande fuselée de gueules. (Voir pl. n° 2.)

On ne sait pas de laquelle de ces deux maisons était Elisabeth de la Jaille, femme de Hamelin de la Grandière ; mais comme ces deux maisons sont également illustres, il importe peu pour la grandeur de la maison des de la Grandière de laquelle elle ait tiré son origine.

de terre qui valait une livre de rente, ou, selon le P. Sermond, *sur Geoffroy, abbé de Vendôme*, un arpent de terre.

Elle épousa, en 1312, Maurice de Pruillé (1), ou DE PUTILLE (2).

III

GUILLAUME DE LA GRANDIÈRE

Guillaume de la Grandière, premier du nom, écuyer, seigneur de la Grandière, assiste au contrat de mariage de Peronelle, sa sœur, en 1312.

Il épousa JACQUETTE DE MONTALAIS (3), comme il se voit par une transaction qui a été faite entre Jean Danangoni, chevalier, seigneur de la paroisse de Neuville, et ce Guillaume de la Grandière, seigneur du dit lieu de la Grandière, la dite transaction à cause de la sépulture de défunte Jacquette de Montalais dans une chapelle nommée Ste-Catherine (4), laquelle

---

(1) Les de Pruillé ou Preully étaient seigneurs de Vendôme. On remarque dans cette famille deux archevêques de Tours : Engebaud, de 1149 à 1157, et Barthélemy, de 1173 à 1205.

Ils portaient : D'or à six aigles d'azur posées trois, deux et une. (Voir pl. n° 3.)

(2) Dans cette famille on remarque : Pierre, taxé pour la rançon du roi Jean, en 1360, entre les nobles de la chastellenie de Montjean.

Ils portaient : D'hermine au chef losangé d'or et de sable. (Voir pl. n° 3.)

(3) La maison de Montalais, en latin *de Multis legibus*, comme il paraît par un titre du prieuré de la Pimaudière, est une très noble et très ancienne famille de la province d'Anjou. Elle a été alliée deux fois à l'illustre maison de Bueil. On y remarque : Hélix, chevalier de Malte, en 1548 ; Mathurin, aumônier du roi, abbé de Saint-Melaine et du Gué de Launay, en 1575, mort en 1603 ; Mathurin, épouse vers 1550, Louise de Malestroit, dame de Keraer et de Kerambourg. En 1603, il ne restait plus de cette maison que Françoise de Montalais, veuve de Jean de Bueil, comte de Marans, grand échanson de France, Anne de Montalais sa sœur, non mariée, et une religieuse de la Visitation d'Angers,

Elle portait : D'or à trois chevrons de gueules, à la face d'azur brochant sur le tout. (Voir pl. n° 2.)

(4) Cette chapelle existait encore il y a une cinquantaine d'années dans l'église actuelle de Neuville. Elle a été transformée depuis en sacristie.

chapelle est à côté de l'église paroissiale de Neuville, où était la sépulture des seigneurs de la Grandière.

Cette transaction fut passée en 1360.

Ils eurent pour fils :

Guillaume de la Grandière.

IV

GUILLAUME DE LA GRANDIÈRE

Guillaume de la Grandière, deuxième du nom, transigea en 1363 avec un particulier. Il épousa PERRINE DE NANTILLON ou NANTILLY (1), comme il paraît dans un aveu qu'elle rend de la terre de la Motte-Sesbron, au seigneur de Candé. Dans le dit aveu elle prend qualité de femme de Guillaume de la Grandière et de mère et garde noble de son fils Hamelin. Cet aveu est daté de 1397.

Guillaume de la Grandière servit contre les Anglais, en Bretagne, sous Olivier de Clisson, ainsi qu'on le voit par les rôles de trois revues passées à Vannes les 1er janvier, 1er février et 1er mars 1375 (2).

Ils eurent pour fils :

Hamelin de la Grandière.

V

HAMELIN DE LA GRANDIÈRE

Hamelin de la Grandière, deuxième du nom, écuyer, seigneur de la Grandière, épousa MARIE DE MARIDOR (3). Elle fut mariée par son frère

---

(1) Cette famille portait : D'azur au chevron d'or accompagné de trois roses de même posées 2 et 1. (Voir pl. n° 2.)

(2) Mémoires pour l'histoire de Bretagne par D. Morice, tome I, colonnes 101, 102, 104.

(3) Maridor est une maison très noble et très ancienne de la province du Maine, alliée

De la Jaille

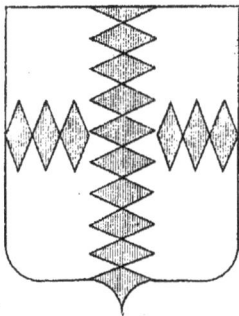

De la Jaille

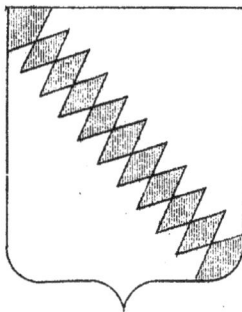

De Montalais

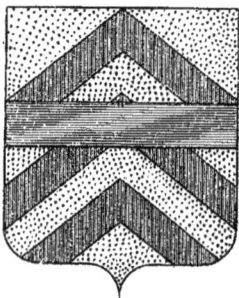

De Nantilly

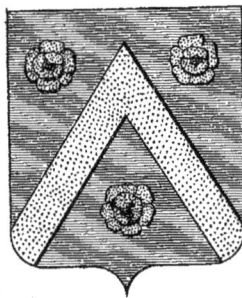

De Maridor

De Portebise

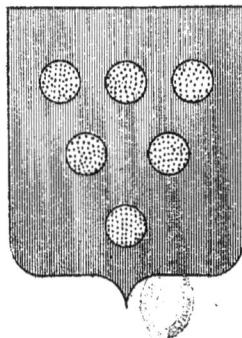

aîné, François de Maridor, qui lui donna mille livres en mariage, comme il paraît par une quittance de cet Hamelin de la Grandière, passée à Angers par François de Lommeau, notaire royal, le 18 avril 1370.

D'après un acte de 1383, cet Hamelin de la Grandière, paroissien de Neuville, vend à Jean de la Faucille, paroissien du Lion-d'Angers, la foi et l'hommage que lui devait Geoffroy de Bouteillé, et il les vend quatre-vingts livres.

Ils eurent pour fils :

Guillaume de la Grandière.

VI

GUILLAUME DE LA GRANDIÈRE

Guillaume de la Grandière, troisième du nom, seigneur de la Grandière, prit alliance avec JEANNE DE PORTEBISE (1), dame de Portebise et de la Chapelle de Soulerre.

à plusieurs grandes maisons, entre autres à celle de Chambe, de Montsoreau et à celle de Matignon. Quelques-uns de cette maison se sont établis en Anjou, comme on l'apprend des comptes de l'Université de Paris, rendus, en 1416, à la nation de France, par maistre Jean le Gras, receveur de la même nation, où il est dit, au titre *recepto a magistrandis* : que maistre Mathieu Ménage, régent de philosophie (c'est ce Mathieu Ménage, manceau, qui fut député en 1432 par l'Évêque et le chapitre d'Angers au concile de Basle), donna le bonnet de maistre ès-arts à Henry Cochon, manceau, à Hugues Tisserand, de Besançon, à Foulque Rigaud, manceau, et à Louis Maridor, angevin.

Cette maison portait: D'azur à trois gerbes d'or posées deux et une. (Voir pl. n° 2.)

(1) Portebise était déjà dans ce temps-là une noblesse considérable d'Anjou, ainsi appelé de la terre de Portebise qui est dans le voisinage des moulins d'Ivray, dans la paroisse de Tiercé. La branche d'Anjou se fondit dans la maison de la Grandière par le mariage de Jeanne avec Guillaume de la Grandière. Une branche de cette famille s'établit en Champagne. (Voir la généalogie des Portebise dans le *Nobiliaire de Champagne*, de M. de Commartin.) Un Pierre de Portebise épousa, en 1446, Jeanne de La Roche ; un autre Pierre s'établit en Bretagne où il épousa, en 1619, Judith de l'Epinay ; Henry, fils du précédent, fut gouverneur de Blain, en 1659 ; une fille fut admise à Saint-Cyr en 1686.

Les Portebise portaient: De gueules à six besans d'or posés trois, deux, un. (Voir pl. n° 2.)

lls eurent pour enfants :

1° CHARLES DE LA GRANDIÈRE, premier du nom, chevalier, seigneur de la Grandière, de Portebise et de la Chapelle de Soulerre. Il épousa, le 30 juillet 1395, JEANNE DE SACÉ (1), fille de Guiard de Sacé, chevalier, qui vivait encore en 1434.

Ce Charles de la Grandière donna un dénombrement, le 17 mars 1416, et fit une vente le 19 mai 1418. Le 27 février 1421, il prit à rente, de l'abbaye du Ronceray (2) d'Angers, une maison, située en la grande rue du Tertre Saint-Laurent.

Il mourut sans postérité en 1431.

Jeanne de Sacé, étant veuve, arrente à son beau-frère et à sa belle-sœur qui, en 1434, avaient partagé la succession de leur frère, cette maison du Tertre Saint-Laurent.

Elle vivait encore en 1439.

2° Guillaume de la Grandière.

3° ISABEAU DE LA GRANDIÈRE, qui eut en partage, en 1434, la métairie de la Chévrerie, dans la paroisse de Pruillé, et cent réaux d'or.

---

(1) Sacé est une maison d'Anjou de très ancienne noblesse. Trincaut qui, dans son histoire généalogique de la maison de Savonnières, a donné une partie de la généalogie de cette maison, y a fait mention de l'alliance de Jeanne de Sacé avec notre Charles de la Grandière. Cette maison subsistait au temps de Trincaut en la personne de René de Sacé, écuyer, seigneur de Limbaudière, gendarme de la garde du Roi.

Cette maison portait : De gueules à trois chevrons d'argent. (Voir pl. n° 4.)

Quelques-uns ont confondu mal à propos, cette maison de Sacé avec celle de Sacé-Tillon qui était aussi une bonne maison d'Anjou, comme il paraît par cette épitaphe de Jean Tillon, mort abbé de Saint-Serge, en 1501 :

> Sous cette lampe est le corps inhumé
> De Jean Tillon, prélat moult estimé
> Qui cette abbaye droitement gouverna
> Seize ans entiers qu'en icelle régna
> Issu était de Dame et Chevalier
> Par quoi d'église fut un ferme pilier.

Dans le procès-verbal de la *Coutume d'Anjou*, au chapitre de la noblesse, il est fait mention de Jean Tillon, seigneur de la Berthière et de Sacé, ce qui ne permet pas de douter que la terre de Sacé ne soit entrée dans la maison de Tillon. Ils étaient originaires de Lorraine et portaient : De sable à deux épées d'argent posées en sautoir. — La terre de Sacé est dans la paroisse de Bocé près Baugé.

(2) Titres de l'abbaye du Ronceray. — Trésor de la Villevieille.

VII

GUILLAUME DE LA GRANDIÈRE

Guillaume de la Grandière, quatrième du nom, fils puiné du précédent, fut marié, en 1403, par son frère aîné Charles, à CATHERINE DE SACÉ (1), sœur de Pierre de Sacé (2), valet seigneur des Haies-Rougebec.

Charles de la Grandière donna à son frère Guillaume, en le mariant, la terre de Mont-Geoffroy, appelée plus tard Mont-Jouffroy, près le village de Beaufort, et qui est devenue une terre considérable.

Il devint seigneur de la Grandière après la mort de son frère Charles. Il fournit, en cette qualité, un dénombrement, le 3 juillet 1431, et fit avec Isabeau, sa sœur, le partage des biens de Charles, le 23 février 1434. Il fit un échange le 4 février 1435, et un autre le 6 août 1437. Le 6 décembre 1438 il transige avec ses fils Guillaume et Bertrand, en présence de son fils aîné Charles. Le 20 octobre 1439 il fait une vente conjointement avec Jeanne de Sacé, sa belle-sœur, veuve de Charles.

Il est nommé comme tenancier de la seigneurie de la Roche au Felle dans un hommage lige rendu pour cette seigneurie par Simon de Jonchères à messire Jean de Châteaubriand, chevalier, seigneur de Chavagnes et du Lion-d'Angers, à cause de cette dernière seigneurie (3).

Ils eurent pour enfants :

1° Charles de la Grandière.

---

(1) Voir la note page 14.

(2) On croit que c'est ce Pierre de Sacé qui fut marié avec Jeanne de la Grézille, de laquelle, suivant Trincaut, il n'eut point d'enfant. Jeanne de Sacé, sa sœur, femme de Jean de Saint-Germain d'Arrecé était dame des Haies-Rougebec ou Rogebec en 1434. Les Haies-Rougebec sont une terre de la paroisse de Charnay en Anjou qui est entrée dans la maison de Sacé par une alliance d'une de Rougebec avec un Pierre de Sacé en 1250.

Rougebec portait : Ondé d'argent et de sable de six pièces.

(3) *Archives du château du Bois-Montboucher.* — Livre B aveux du Lion d'Angers. — Trésor de D. Villevieille.

2° GUILLAUME DE LA GRANDIÈRE, qui a formé la branche des de la Grandière de Mont-Jouffroy. Cette branche s'éteignit vers 1700. (Voir pages 47 et suivantes.)

3° BERTRAND DE LA GRANDIÈRE reçut de son frère aîné, avec son frère Guillaume, la terre de Mont-Jouffroy ; mais, en 1470, il cède ses droits à Guillaume pour six setiers de blé, mesure de Beaufort, moitié froment et moitié seigle, et pour deux piges de vin blanc, mais à condition que si le setier de blé valait plus de vingt sous et la pipe de vin plus de cinquante, Guillaume lui paierait seulement cinquante sous par pipe et vingt sous par setier.

4° JEANNE DE LA GRANDIÈRE, qui fut mariée par son oncle Charles. Elle épousa, le 26 août 1423, PIERRE DE VILLIERS (1), écuyer ; elle eut en mariage la terre de Challon, dans la paroisse de Pruillé, cent écus d'or et deux ans de nourriture. Il fut dit dans son contrat de mariage que cette terre serait appelée la Petite-Grandière (2).

VIII

CHARLES DE LA GRANDIÈRE

Charles de la Grandière, deuxième du nom, chevalier, noble et puissant seigneur de la Grandière, de Portebise, de la Petite-Feronnière, de la Motte-Sébron et autres lieux, épousa, le 29 janvier 1434, MARGUERITE DU BOIS-

---

(1) Les de Villiers sont originaires de l'Ile de France. On remarque dans cette famille : Pierre de Villiers grand maître et porte-oriflamme de France en 1364 ; Jean, maréchal de France, mort en 1438 ; Philippe, grand maître de Saint-Jean de Jérusalem, célèbre par sa défense de Rhodes contre Soliman, en 1521 ; François, grand louvetier de France en 1550.

Cette famille portait : D'or au chef d'azur chargé d'un dextrochère d'argent mouvant à senestre sur le chef, la manche revêtue d'un fanion ou manipule de même pendant sur l'or. Devise : Va oultre, ou : La main à l'œuvre. (Voir pl. n° 3.)

(2) Pour changer le nom d'une terre il aurait fallu, deux siècles plus tard, des lettres du Prince.

MONTBOUCHER (1), dame de la Motte-Sébron et de la Tainerie, fille aînée et principale héritière de messire Jean du Bois, chevalier, seigneur du Bois en Chambellay et de la Motte-Sébron, et de feue Béatrix de Rougé (2). Le contrat de mariage fut passé par Charles de Beaufort.

En 1600 cette terre s'appelait tout simplement la Grandière et était possédée par un M. Cornuau, auditeur en la Chambre des comptes de Paris, dans la famille duquel elle était depuis cent cinquante ans. Depuis cette époque les Cornuau ont ajouté à leur nom celui de la Grandière ainsi que deux autres familles dont les noms patronymiques sont Gaulier et Benoit Ces familles n'ont aucun lien de parenté avec les de la Grandière.

Les Cornuau portaient : D'azur à l'aigle éployée d'or; ou : écartelé aux 1 et 4 d'azur à trois colonnes d'argent, aux 2 et 3 d'azur à une aigle éployée d'or, accompagnée en pointe de deux croissants d'argent et au franc canton d'un soleil d'or.

(1) La terre du Bois en Chambellay est ce qu'on appelle aujourd'hui le Bois Montboucher, qui est une grosse terre dans la paroisse de Chambellay en Anjou, ce qui donne lieu de croire que la maison du Bois en Chambellay était une maison considérable. Quoique Marguerite du Bois fût fille aînée et principale héritière de Jean du Bois et de Béatrix de Rougé, on ne voit pas que la terre du Bois en Chambellay ait passé dans la maison de la Grandière, ce qui fait croire que ce Jean du Bois eut un enfant mâle de son second mariage. Pour ce qui est de la terre de la Motte-Sebron, elle a été dans la maison de la Grandière jusqu'en 1600, c'est ce qu'on appelle aujourd'hui Loiré, parce qu'elle est dans la paroisse de Loiré. — Il est à remarquer que lorsque Jean du Bois maria sa fille à Charles de la Grandière, il était remarié à Marguerite de Charnacé et qu'il donna en mariage à sa fille la terre de la Motte-Sebron, dans la paroisse de Loiré, et celle de la Ferrière dans celle de Champigné. — M. de la Rougère, dans la généalogie des Quatrebarbes, dit que Jean du Bois et Béatrix de Rougé eurent deux enfants : Guillaume du Bois, qui épousa Catherine Coesnon, et Marguerite, et que Guillaume fut père de Pierre ; mais comme Marguerite est appelée dans son contrat de mariage fille aînée et principale héritière de Jean du Bois et de Béatrix de Rougé, il est à croire que Guillaume fut fils de Jean du Bois et de Marguerite de Charnacé.

La famille du Bois en Chambellay portait : D'argent à la croix de sable chargée d'une croisette d'or. (Voir pl. n° 4.)

Quelques auteurs intervertissent les émaux;

D'autres disent : D'or à l'aigle de sable becquée et membrée de gueules.

(2) La maison de Rogé ou Rougé est une des plus anciennes et des premières de la province d'Anjou et une des plus considérables de la province de Bretagne dont elle est originaire. La terre de Rougé est une chastellenie de Bretagne qui fait partie de la baronnie de Chateaubriand. M. de Prade, dans son Trophée d'armes, a donné la descente de cette maison. On y trouve : Eudes de Rougé, fils d'Hervé, témoin d'une donation à l'église de Chateaubriand en 1050; Bonabes assiste aux états de Vannes en 1203 ; Olivier croisé en 1248 ; Olivier épouse en 1275, Agnès dame de Derval; Jean tué à la bataille de Poitiers en 1356.

La branche aînée s'est fondue en 1400 dans Chateaugiron.

Une branche cadette établie en Anjou au xive siècle avait pris le nom des Rues en

3

Charles fut marié par son père comme fils aîné et principal héritier et on lui donna en mariage la terre de Portebise et celle de la Petite-Feronnière. Il est fait mention de ce Charles de la Grandière, le 9 novembre 1450, dans le cartulaire de Saint-Serge d'Angers (1). Le 25 juin 1456, il reçut une constitution de rente. Lui et son beau-père obtiennent une sentence arbitrale le 8 novembre 1457. Il était veuf à cette époque et mourut lui-même en 1463.

Ils eurent pour enfants :

1° Guillaume de la Grandière.

2° MARGUERITE DE LA GRANDIÈRE, qui épousa en premières noces, le 12 décembre 1456, noble homme OLIVIER D'AULNIÈRES (2), écuyer, fils aîné de Jean, seigneur d'Aulnières en la paroisse de Montigny, près Durtal, et de Marguerite de Chemans (3). Elle épousa en secondes noces, en 1471. ROBERT LE ROY, seigneur DE LA VÉROULIÈRE (4), qui lui-même était veuf. Ils marièrent ensemble leurs enfants, en 1483 : Jean d'Aulnières avec Jeanne Le Roy, et Robert Le Roy avec Jeanne d'Aulnières.

Marguerite de la Grandière avait eu deux cents écus d'or en mariage.

conservant les armes des Rougé ; elle a repris le nom de Rougé à l'extinction de la branche aînée et a produit : trois chevaliers de l'ordre depuis 1568 ; trois lieutenants généraux de 1560 à 1784 ; plusieurs pages du roi depuis 1720 ; deux abbés de Beaurepos en 1669 et 1683 ; un évêque de Périgueux, mort en 1773 ; plusieurs membres admis aux honneurs de la cour depuis 1757.

Cette famille porte : De gueules à la croix pattée et alésée d'argent.

(1) Folio 110 de la copie de la Bibliothèque nationale.

(2) M. de la Courbe du Bellay, aîné de la maison du Bellay, le comte de Montesson et MM. de Loubes descendent par représentation de cet Olivier d'Aulnières et de cette Marguerite de la Grandière.

Dans la famille d'Aulnières on remarque : Geoffroy qui, avec Philippe de Bazoges, donna l'église de Crosmières à l'évêque d'Angers vers 1125 ou 1149.

Les d'Aulnières portaient : De gueules à six écussons d'argent posés trois, deux et un. (Voir pl. n° 3.)

(3) On trouve un Robert de Chemans, abbé de Toussaint d'Angers en 1475.

Cette famille portait : D'azur au lion d'or accompagné de trois coquilles de même, posées deux en chef et une en pointe.

(4) Les le Roy de la Veroulière étaient seigneurs de Beauchesne, de la Troussière, du Haut Tronchais, de la Roche, de Cramaillé, de la Groussinière, et d'Armangis.

Ils portaient : D'argent à trois chevrons de sable et une fasce en devise de gueules brochant sur le tout. (Voir pl. n° 3.)

3° JEANNE-MARIE DE LA GRANDIÈRE, qui prit alliance, le 28 avril 1463, après la mort de son père et de sa mère, avec JEAN DE LA MARTRAIS (1), écuyer, fils aîné de Guillaume de la Martrais et de Louise de Pannard (2).

IX

GUILLAUME DE LA GRANDIÈRE

Guillaume de la Grandière, cinquième du nom, seigneur de la Grandière et de la Motte-Sébron, perdit son père en 1463; à cette époque il était encore mineur.

Il est compris parmi les hommes d'armes qui comparurent à Angers, le 5 novembre 1467, devant Jean du Bellay, chevalier, conseiller et chambellan du roi Louis XI, commis par Sa Majesté pour la levée de l'arrière-ban de la noblesse (3).

Il épousa, en premières noces, JEANNE PERCAULT (4), fille de Pierre Percault, écuyer, seigneur de la Fontaine. Il épousa, en secondes noces, le 11 juin 1472, JACQUETTE DE COESMES (5), fille de haut et puissant sei-

(1) Les de la Martrais étaient d'une maison noble et très ancienne de la province du Maine.

Ils portaient : D'azur à trois quintefeuilles d'argent. (Voir pl. n° 3.)

(2) Georges Olivier de Pannard, archevêque d'Aix, en 1478, était de cette famille et suivant ses Mémoires il était oncle de cette Louise.

Il portait : D'argent à trois bandes de gueules.

(3) Fonds de Gaignières, vol. 645, fol. 118.

(4) Les Percault étaient seigneurs de la Peroussaye, de Combrée, d'Ingrande, de la Viceulle, de la Fontaine, du Margat et de la Bloire.

Ils portaient : De sable à une fasce d'argent accompagnée de trois coquilles d'or, deux en chef et une en pointe. (Voir pl. n° 4.)

(5) La maison de Cœsmes où de Couësmes est une des premières de France ; elle a été alliée à la maison royale, en 1582, par le mariage de Jeanne de Cœsmes, veuve de Louis, comte de Montaflé, avec François de Bourbon, prince de Conty. Elle est originaire du Maine. On y remarque : Engelbaud et Eléazar, croisés en 1158 ; Charles, vivant en 1333,

gneur Pierre de Coesmes, chevalier, seigneur de Vangeau, et de dame
Raoulette de Montalais (1), dame de la Barbée.

Ils passèrent une transaction le 8 juin 1473. Ils acquirent des héritages
le 18 mai 1475 et se firent donation mutuelle de leurs biens le 17 mai 1498.
Guillaume de la Grandière assiste, le 6 novembre 1493, au mariage de Jean
d'Andigné avec Françoise des Rues.

De son premier mariage il eut :

GUILLEMETTE DE LA GRANDIÈRE, qui épousa, en 1487, noble
LOUIS HAMELIN (2), écuyer, seigneur du Roncery, fils de Jean Hamelin,
seigneur de Vauléard, de la paroisse de Feneu, et de Geneviève Baillet (3).

Ce Louis Hamelin transigea, en 1534, pour les droits de sa mère, avec
Christophe de la Grandière, son neveu. Il eut comme enfant Jacques
Hamelin, qui vivait en 1524, et était alors âgé de vingt ans.

De son second mariage Guillaume de la Grandière avait eu :

2° Jean de la Grandière.

3° MATHURIN DE LA GRANDIÈRE, seigneur de la Beuzelinière, qu'il
eut en partage en 1521. On ne sait point son alliance.

Il fut père de CHARLES DE LA GRANDIÈRE, qui fut prêtre.

Il fut témoin, le 15 janvier 1540, au contrat de mariage de noble homme
Maurice Breslay, seigneur de Léardière, et demoiselle Anne de la Vaisous-

épousa Marguerite de Maulévrier, dame de Neubourg; Payen, chevalier, reçoit une montre
au Mans en 1438; Brisegault épouse, vers 1368, Marguerite de Chelle, dame de Lucé;
Charles, leur petit-fils, vicomte de Saint-Nazaire par son mariage, en 1460, avec Marguerite
de Rieux; un autre Charles épouse, vers 1500, Gabrielle d'Harcourt, dame de Bonnétable.
Ils portaient : D'or au lion d'azur armé et lampassé de gueules. (Voir pl. n° 4.)

(1) Raoulette de Montalais était sœur de noble et puissant seigneur messire Hugues de
Montalais, seigneur de Chambellay et de Vernée. Elle tomba en faiblesse d'esprit et fut
mise en la curatelle de son gendre, Guillaume de la Grandière, le 28 mai 1473, par l'avis
de messire Mathurin de Montalais, chevalier, seigneur de la Roche Mabillou, son neveu,
de Jean de Cœsmes, écuyer, de Pierre Percault, seigneur de Combrée et de la Fontaine.
Elle avait épousé, en premières noces, messire Jean de Charnacé, seigneur de Charnacé.
Voir page 11, note 3.

(2) Les Hamelin étaient seigneurs de Vauléard, des Roys et des moulins de Corcé.
Ils portaient : Coupé d'azur et d'or au lion de l'un en l'autre armé, lampassé et couronné d'or. Ou : D'argent à trois écussons de gueules. (Voir pl. n° 3.)

(3) Cette famille originaire de Bourgogne portait : D'argent à trois chardons de sinople
fleuris de gueules.

du Bailleul

de Pruillé

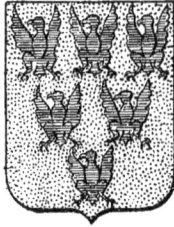

de Putille

de Villiers

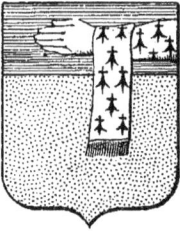

d'Aulnières

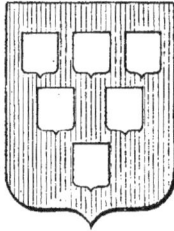

le Roy

de la Martrais

Hamelin

Hamelin

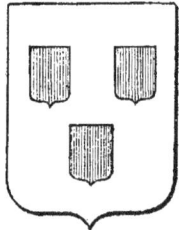

la Vaisousière

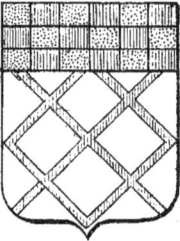

Grugelin

Valleaux

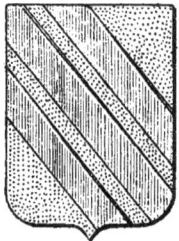

sières, fille de défunt noble homme René de la Vaisoussières, seigneur de
Soudon, et de demoiselle Jeanne de la Grandière.

4° JEANNE DE LA GRANDIÈRE, qui épousa, en 1497, RENÉ DE LA
VAISOUSSIÈRES (1), seigneur de Soudon. Ils vivaient l'un et l'autre
en 1505. Leur fille aînée Jeanne épousa, le 24 novembre 1527, Guillaume
du Tertre, et leur fille Anne épousa, le 15 janvier 1540, Maurice Breslay,
seigneur de Léardière.

5° ANNE DE LA GRANDIÈRE, qui fut mariée, le 13 janvier 1498, avec
ROBERT GRUGELIN (2), écuyer, seigneur de la Guitière. Ils eurent
comme enfants : Jacques Grugelin et Anne, qui épousa François de la Motte.

6° FRANÇOISE DE LA GRANDIÈRE, qui prit alliance en premières
noces, le 16 mai 1506, avec PIERRE DE VALLEAUX (3), écuyer, seigneur
de la Violette, et en secondes noces, avec RICHARD D'ORVAUX (4), écuyer,
seigneur de la Foresterie. Ils vivaient l'un et l'autre en 1528.

(1) Cette famille, originaire du Maine, s'est fondue dans la famille du Mas, qui porte :
D'argent fretté de gueules de six pièces au chef échiqueté de trois traits d'or et de
gueules. (Voir pl. n° 3.)

(2) Le contrat de mariage de Robert Grugelin et d'Anne de la Grandière fut passé en
présence de Samson Bunel et de Louis Hamelin, seigneur de Vauléard. Ils eurent de leur
mariage Jacques Grugelin, seigneur de la Guitière et de Vaugelé, qui épousa Marie
Moreau, fille du seigneur de la Possonnière, près Ecommoy au Maine, et d'une fille de la
maison de Favières, dont Marie Grugelin, femme de François Sigonneau, seigneur de la
Perdrillère et du Grip en Anjou, dont Renée Sigonneau, femme de Guillaume Regnaud,
fils de Jan, écuyer, seigneur d'Avenay et d'Eterville, près de Caen, et de Françoise
l'Abbé, des l'Abbé, seigneurs d'Ussy et de Héroussart, près Falaise, dont François
Regnaud, seigneur de Segrais, de l'Académie française.
    Grugelin porte : D'argent au lion de gueules, armé, couronné et lampassé d'or. (Voir
pl. n° 3.)

(3) Cette famille est originaire de Bretagne. M. Quatrebarbes de la Bougère, dans la
généalogie des Quatrebarbes, a donné la généalogie des Valleaux. On y trouve : Jean, qui
épouse, en 1429, Marie Quatrebarbes, dont Jean, marié, en 1496, à Henriette Huguet,
dame de Bois-Robin. — Une fille à Saint-Cyr, en 1697.
    Cette famille portait : D'or à trois bandes de gueules. (Voir pl. n° 3.)

(4) La maison d'Orvaux, dite en latin de Aureis Vallibus (comme il paraît par ces mots
du Chronicum Andegavense, p. 277 : anno 1126, exercitus de Aureis Vallibus), est une des
plus nobles et des plus anciennes de la province d'Anjou, parmi les nobles des comtés
d'Anjou et du Maine qui appelèrent, en 1301, du défaut de droit contre les prétentions
de Charles de France, comte de Valois, d'Anjou et du Maine, fils du roi Philippe III.
Cette maison a laissé son nom à la plupart des terres qu'elle a possédées : La Motte-

7° MARIE DE LA GRANDIÈRE, qui épousa, en 1505, PHILIPPE DE MANDON (1), fils aîné de Ambroise de Mandon, écuyer, seigneur de Valette, et de Renée du Cloître.

X

JEAN DE LA GRANDIÈRE

Noble et puissant seigneur Jean de la Grandière, premier du nom, chevalier, seigneur de la Grandière, de Portebise, de la Motte-Sebron, de la Bodinière, baron de Laillé, qualifié de noble et puissant homme, qualité prise par tous les aînés de ses descendants, épousa, le 28 juillet 1497, MATHURINE DE MAIMBIER (2), fille aînée et principale héritière de messire François de Maimbier, chevalier, seigneur de Laillé et de la Beuzelinière, et de Jeanne de Raveton.

Le contrat de mariage fut passé à Angers par Fast, notaire royal.

Le 22 juillet 1501, il fit hommage pour la terre de la Grandière, mouvante de la seigneurie du Plessis-Macé, à Thibaud de Beaumont, seigneur de Bressuire.

Noble et puissant seigneur du Bellay, seigneur de la Forest et de la Lande, lui fit hommage pour partie de la terre et seigneurie de Grez sur

Dorvaux, La Londe-Dorvaux, Champigné-Dorvaux, Le Plessis-Dorvaux, La Rivière-Dorvaux. Ils étaient seigneurs d'Orvaux et de la Beuvrière. On y remarque François, ligueur, en 1592 ; Léonard, Louis-Alphonse, chevalier de Malte en 1689.

Cette famille portait : De sable à la bande d'argent cotoiée de deux cotices d'or. (Voir pl. n° 6.)

(1) Cette famille est éteinte depuis plus de deux siècles. On y remarque Jacques, chanoine de Saint-Maurice d'Angers, mort en 1555.

Elle portait : D'argent à la bande fuselée de gueules accompagnée de six quintefeuilles d'azur posées en orle. (Voir pl. n° 7.)

(2) Maimbier est une ancienne famille d'Anjou éteinte depuis longtemps. Elle était alliée aux Laval-Montmorency.

Elle portait : D'azur à trois poignards d'argent mis en bande. (Voir pl. n° 4.)

Mayenne, mouvante du fief de la Bodinière, le 23 octobre 1510, et un autre hommage lui fut rendu, le 29 mars 1513, par François de Villeprouvé, baron de Trèves, pour le fief de Maubaudon.

Il épousa en secondes noces, en 1511, JEANNE DE ROSNYVINEN (1), dame de la Roche au Felle et de Herelle, veuve de Jean d'Estanchon. Cette dame, fondée de pouvoir de son mari, passa une procuration le 30 juin 1538.

Il n'eut pas d'enfant de son second mariage.

Il avait fait son testament le 16 avril 1506.

Ses enfants furent :

1° CHRISTOPHE DE LA GRANDIÈRE.

2° PIERRE DE LA GRANDIÈRE, seigneur de Portebise, curé d'Houlbec en Normandie, puis de Notre-Dame de Cocherel. Il fit son testament en 1556.

3° MATHURIN DE LA GRANDIÈRE, curé de Cocherel, mort en 1553.

4° RENÉ DE LA GRANDIÈRE, religieux, qui vivait encore en 1541.

5° THIBAUDE DE LA GRANDIÈRE, qui épousa en premières noces, le 15 septembre 1521, par contrat passé devant Mᵉ Harengot, notaire à Bourgnouvel, CHARLES DE MONTÉCLERC (2), écuyer, seigneur de Bourgon et

---

(1) La famille de Rosnyvinen est originaire de Bretagne. On y remarque : Geoffroy, vivant en 1338, père 1° de Hervé, qui ratifia le traité de Guérande, en 1381 ; 2° de Jean, écuyer dans une montre reçue à Dreux, en 1371 ; Olivier, seigneur de Keranhoat, vivant en 1426, marié à Françoise de Clécunan, frère de Jean, premier échanson de Charles VII et maître des eaux et forêts de France, en 1442, mort en 1454 ; Guillaume, neveu du précédent, premier échanson du Roi en 1446, puis maître des eaux et forêts en 1454, chambellan du duc de Bretagne et capitaine de Saint-Aubin du Cormier, en 1488, mort en 1493, frère de Louis, capitaine de la Roche-Morice, chevalier du Porc-Epic, en 1438, qui eut quatre fils tués à la bataille de Saint-Aubin du Cormier, en 1488 ; Guillaume, premier échanson du Roi, capitaine de cent hommes d'armes d'ordonnance à la conquête d'Italie sous Charles VIII, en 1494. Plusieurs capitaines de Dinan, Vire, Argenton et Caen. Quatre conseillers au Parlement depuis 1613. Deux présidents de la noblesse, par élection, aux États de 1722 et 1770. Deux maréchaux de camp en 1743 et 1780. Deux membres admis aux honneurs de la cour en 1785 et 1788. Un général de division en 1813, mort en 1850. La dernière branche de cette famille s'est éteinte en 1885.

Cette famille portait : D'or à la hure de sanglier de sable arrachée de gueules et défendue d'argent. Devise : Défends-toi. (Voir pl. n° 4.)

(2) Montéclerc ou Montéclair est une famille très illustre et très ancienne. Le maréchal de Bois-Dauphin avait épousé Madelaine de Montéclerc, dame de Bourgon et de

de Montaudin, fils de noble et puissant seigneur de Montéclerc et de dame Guillemine de Sahur de Tournebeschet, et en secondes noces, par contrat du 7 mai 1525, FRANÇOIS DE GRIMONVILLE (1), seigneur de Larchant et de la Lande-Patry, qui fut grand chambellan du Roi. Il était fils de Geoffroi de Grimonville, baron de la Lande-d'Adron, et de Jacqueline Auvé de la Ventrouse (2). Il fut chevalier de l'Ordre du Roi.

Il se remaria à Anne d'Estanchon, sœur de Marguerite, femme de Christophe de la Grandière. Il fut enterré aux Grands-Augustins de Paris dans une chapelle de marbre.

6° RENÉE DE LA GRANDIÈRE, religieuse dans l'abbaye de S‑Georges de Rennes.

7° GUIONNE DE LA GRANDIÈRE, religieuse cordelière à Château-Gonthier, où elle fut mise par son père Christophe, qui lui fit une constitution de rente le 20 septembre 1531.

8° FRANÇOISE DE LA GRANDIÈRE, qui épousa RENÉ DE CISSEY (3), fils d'André de Cissey et de Françoise de Saru. Elle était veuve en 1564.

Montaudin. On y remarque : Joseph, vicaire général d'Angers, grand archidiacre de Saint-Maurice, mort en 1768 ; André, commandeur de l'île Bouchard en 1684.

Elle portait : D'azur au lion d'or armé et lampassé de gueules. Devise : *Magnus inter pares.* (Voir pl. n° 7.)

(1) Cette famille, originaire de Normandie, est très ancienne et très illustre. Nicolas de Grimonville, seigneur de l'Archant, d'Auturs et de la Boulaye, fut capitaine de cent archers de la garde du roi Henri III ; il avait épousé Diane de Vivonne de la Châtaigneraie. Il fut enterré dans l'église des Grands-Augustins de Paris, dans un magnifique tombeau, en la chapelle de l'Archant. On trouve dans d'Hozier les preuves de noblesse pour l'entrée d'une Grimonville à Saint-Cyr.

Elle porte : De gueules à trois étoiles d'argent posées 2 et 1. (Voir pl. n° 7.)

(2) Très ancienne famille, originaire d'Anjou, y ayant de très nombreuses seigneuries. — On y remarque Jean, juge général du duché d'Anjou et comté du Maine, en 1370 ; Françoise, qui fut abbesse du Ronceray, 1529-1549.

Ils portaient : D'argent à une croix pleine de gueules cantonnée de douze merlettes où colombes de même, trois dans chaque canton.

(3) La famille de Cissey est originaire de Bourgogne.

Elle porte : De gueules à la licorne d'argent. (Voir pl. n° 7.)

de Sacé

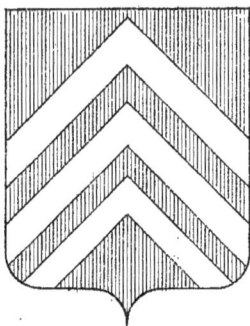

du Bois

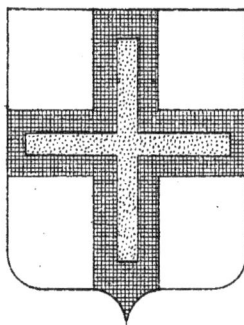

Percault

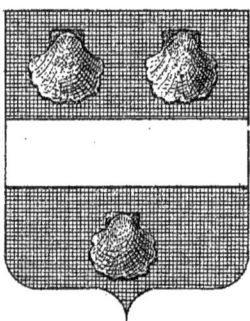

de Coesmes

Maimbier

Rosnyvinen

XI

CHRISTOPHE DE LA GRANDIÈRE

Noble et puissant seigneur Christophe de la Grandière, premier du nom, chevalier de l'Ordre du Roi, seigneur de la Grandière, de la Motte-Sebron, de Loiré et de Laillée, épousa MARGUERITE D'ESTANCHON (1), baronne de Houlebec, dame de la Roche au Felle et de la Papinière, fille de noble et puissant seigneur Jean d'Estanchon, chevalier, seigneur de la Boullaie et du Pré, chambellan du Roi et capitaine de cinquante hommes d'armes, et de Jeanne de Rosnyvinen (2), qui alors était remariée à Jean de la Grandière. Il est à remarquer que lorsque Jeanne de Rosnyvinen se maria pour la première fois, la Reine lui donna en faveur de ce mariage trois mille écus.

Il est à remarquer aussi, au sujet de la qualité que prenait Christophe de la Grandière, que cette qualité ne se prenait de son temps que par ceux qui étaient véritablement chevaliers ; ce n'est qu'à la fin du règne de François Ier que cette qualité a été prise par des gens qui ne l'étaient pas réellement.

Il reçut hommage de Antoine Valcaux, le 1er août 1527. Ils intervinrent dans un partage fait par contrat du 11 novembre 1539, reçu par les notaires d'Évreux, entre eux et messire François de Grimonville et Anne d'Estanchon, sa femme, des successions de Jean d'Estanchon et de Jeanne de Rosnyvinen, leurs père et mère.

Par acte du 24 novembre 1540, devant Me Bonenfant, notaire à Grez-sur-Maine, Christophe donna à viage à sa femme la terre de Laillé, dans la paroisse de Chambellay.

---

(1) La famille d'Estanchon est une très ancienne famille de Normandie.
Elle portait : D'azur au lion d'or armé et lampassé de gueules, tenant entre ses pattes un bâton noueux d'or. (Voir pl. n° 5.)
(2) Voir page 23, note 1.

4

Il mourut le 10 janvier 1541. Il avait fait son testament le 15 novembre 1539.

Marguerite d'Estanchon se remaria avec Emar Le Roy, seigneur de la Verouillère, chevalier de l'Ordre du Roi.

Les enfants de Christophe et de Marguerite furent :

1° Jean de la Grandière.

2° MATHURIN DE LA GRANDIÈRE, seigneur de Cocherel. Il épousa, en 1564, CATHERINE DE LA ROCHE (1), fille de Gilles de la Roche, écuyer, seigneur de Saint-Vincent, et de Nicolle de Saint-Aubin, dame de Sorel.

Elle se remaria à Henri de Courcelles, seigneur de Saint-Rémy.

Ils eurent de leur mariage ANNE DE LA GRANDIÈRE, dame de Cocherel, qui épousa CHARLES DE COURCELLES (2), seigneur de Saint-Rémy.

3° ROBERT DE LA GRANDIÈRE, seigneur de Laillé et de l'Espinay. Il mourut avant son père et il ne paraît pas qu'il ait été marié.

4° MARIE DE LA GRANDIÈRE, qui s'allia avec noble homme RENÉ LE ROY (3), fils aîné de noble Emar Le Roy, chevalier, seigneur de la Veroulières, et de demoiselle Anne Morin (4), dame de la Grossinière, en Contigné, et du Haut-Tronchay, en Saint-Denis-d'Anjou. Le contrat de mariage est daté du 18 janvier 1553. Elle était veuve en 1574.

5° ANTOINETTE DE LA GRANDIÈRE (5), religieuse de Saint-Julien à Château-Gonthier.

(1) Il y a en Anjou un grand nombre de familles de ce nom. Celle dont est issue Catherine semble être celle qui portait :

D'or à trois fleurs de lys de gueules. (Voir pl. n° 5.)

(2) Les Courcelles de Saint-Rémy sont originaires de Normandie ; Philippe de Courcelles, seigneur de Saint-Rémy, est mentionné dans un contrat de l'an 1513 ; il fut père de Jacques de Courcelles, seigneur de Saint-Rémy, qui partagea avec Vincent de Courcelles, son frère, en 1568. Il eut pour fils Claude de Courcelles, seigneur de Saint-Rémy, qui fit ses preuves de noblesse en 1599 et 1624. Il avait épousé Michelle de Bonneville, dont Georges de Courcelles.

Cette famille porte : D'argent à l'arbre de sinople, accosté de deux lions affrontés de gueules, au chef cousu d'or chargé d'une hure de sanglier de sable. (Voir pl. n° 7.)

(3) Voir page 18, note 4 et pour les armes pl. n° 3.

(4) Cette famille portait : Parti contrefascé d'argent et d'azur de huit pièces.

(5) Dans l'histoire du monastère de Buron, près Château-Gonthier, composée par sœur

6ᵒ MADELEINE DE LA GRANDIÈRE (1), religieuse de Saint-Julien à Château-Gonthier.

7ᵒ Autres enfants morts en bas âge.

XII

JEAN DE LA GRANDIÈRE

Haut et puissant seigneur Jean de la Grandière, deuxième du nom, chevalier de l'Ordre du Roi, seigneur de la Grandière, de Laillé, de la Motte-Sebron, de Loiré, de la Roche au Felle, baron de Houlebec en Normandie, épousa en premières noces, le 28 juillet 1551, par contrat passé devant Mᵉ Gautier-Jouffrais, notaire à Saumur, SUZANNE DE THORY (2), fille de noble et puissant René de Thory, seigneur de Boumoie, près Saumur, d'Estival, de Marson, de la Rouillère, de Riu et de la baronnie de Houlebec. Sa mère était Anne d'Asse (3).

Il fut créé chevalier de l'ordre de Saint-Michel par lettre du roi Charles IX le 25 janvier 1570, et en reçut le collier au nom de Sa Majesté par l'intermédiaire du comte de Charny.

Leurs enfants furent :

1ᵒ X..... DE LA GRANDIÈRE, tué dans les guerres d'Allemagne.

2ᵒ Palamède de la Grandière, qui continua la branche aînée de la famille.

Renée du Bois, religieuse de ce monastère, imprimée à Angers, en 1653, par Pierre Avril, on voit qu'en 1551 Antoinette et Madeleine de la Grandière étaient religieuses cordelières dans le couvent Saint-Julien de Château-Gonthier, transféré depuis en la maison de Buron. Il y a tout lieu de croire que ces deux sœurs étaient filles de Christophe.

(1) Voir la note précédente.

(2) Thory est une maison de très ancienne noblesse originaire de Touraine.
Ils portaient : D'argent au lion de gueules. (Voir pl. nᵒ 5.)

(3) La famille d'Asse était de très ancienne noblesse et originaire de Touraine.
Elle portait : D'azur à trois aigles d'or membrées et becquées de gueules.

3° RENÉ DE LA GRANDIÈRE, seigneur de la Motte, épousa, en 1605, MARIE DE PIÉDOUAULT (1), fille de Nicolas de Piédouault, écuyer, seigneur de la Rue, et de Françoise de Pierres (2).

4° ANTOINETTE DE LA GRANDIÈRE épousa, le 15 janvier 1579, JEAN HECTOR DE TIREPOIL (3), écuyer, seigneur de Tirepoil et de la Remonière, fils et héritier de noble homme Jean Hector de Tirepoil et de Claude de Coesnon (4). Ils eurent comme enfants : Tristan Hector et deux filles.

5° RENÉE DE LA GRANDIÈRE épousa, en 1600, JACQUES CHAPELAIN (5), avocat au Parlement de Paris et conseiller au bailliage du Palais.

(1) Piédouault est une famille très noble et très ancienne de la province d'Anjou. Dans la montre des nobles d'Anjou tenue à Chemillé, le 18 décembre 1470, il est dit que Jean Piédouault avait présenté son bâtard Huguet en brigandine. Bourdigné, dans sa Chronique d'Anjou, fait mention d'un Nicolas de Piédouault, seigneur de la Harderie, qui était à la prise de Villefranche, du temps de François Ier. Le même chroniqueur parle de Yvon-Pierre et de Nicolas-Pierre qui étaient à la bataille de Ravennes. Dans le procès-verbal de la coutume d'Anjou, qui est de 1508, il est parlé au chapitre de la noblesse d'un Jean-Pierre, seigneur du Plessis-Baudouin. La terre de Piédouault, qui a donné le nom à la famille, est dans la paroisse de la Jaille. Cette famille est éteinte.

Elle portait : De gueules à trois besants d'argent. (Voir pl. n° 5.)

(2) La famille de Pierres est également une des nobles et anciennes familles d'Anjou. Ils étaient seigneurs du Plessis-Baudouin. On y trouve un Guillaume qui, en 1320, épouse Onneur de Maillé.

Ils portaient : D'or à la croix pattée et alésée de gueules

(3) La famille d'Hector était d'ancienne noblesse. Il y eut un Jean d'Hector, doyen de l'église d'Angers en 1558. Ils étaient originaires du Quercy et étaient seigneurs de Tirepoil, de Versigny, de Marle, de Beaumont et de Closemont. On y remarque : Christophe, prévost des marchands de Paris en 1586 ; un président au Grand Conseil en 1631 ; un intendant d'Alençon en 1666 ; un lieutenant général des armées navales en 1782 ; un commandant de la marine à Brest, marié à Jacquette de Kérouartz, veuve d'Allain le Borgne de Kéruzoret.

Ils portaient : D'azur à trois tours rondes, crénelées de trois pièces chacune, d'or, posées deux en chef et une en pointe. (Voir pl. n° 7.)

(4) Coesnon est une des premières noblesses des provinces d'Anjou et de Normandie. Bourdigné a écrit dans sa Chronique d'Anjou, au feuillet 189, que Pierre Coesnon se trouva à la journée de Ravennes, en 1512, et que ce fut lui « qui ce jour ce mortel conflit commença, par quoi à lui est dû partie de l'honneur de la victoire ».

(5) Il était de la famille de Jean Chapelain, conseiller du Roi, homme célèbre parmi les gens de lettres. Cette famille est originaire du Perche. Ils étaient seigneurs de la Tremblaie.

Les Chapelain portaient : D'or à trois écussons de gueules. (Voir pl. n° 7.) .

Estanchon

de la Roche

Thory

Redouault

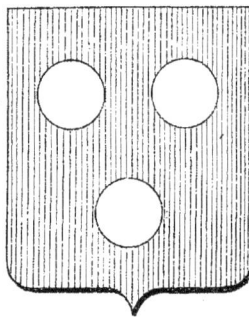

La Garenne

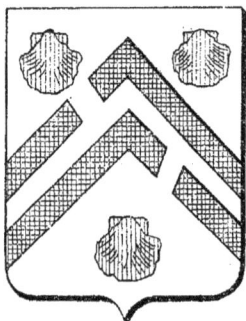

La Coussaye

Il n'y eut point d'enfants de ce mariage.

6° HÉLÈNE DE LA GRANDIÈRE, qui épousa CLAUDE DE RANDEL (1), dont elle était veuve en 1602.

Il n'y eut point d'enfants de ce mariage.

Après la mort de Suzanne de Thory, Jean de la Grandière épousa en secondes noces, le 5 janvier 1584, LUCE DE LA GARENNE (2), demoiselle domestique de Suzanne de Thory; mais cette Luce de la Garenne, quoique demoiselle domestique, était fort bien demoiselle. Elle était fille de Charles de la Garenne, écuyer, seigneur de Mercey, et de Marie de la Vallée des Fossés (3). Le contrat de mariage fut passé à Vernon en Normandie par Le Moine, notaire.

Jean de la Grandière mourut à Cévières, près les Andelys, en 1590. Il fit son testament le 1ᵉʳ mai 1587, devant Drouin, tabellion royal à Paris, et par ce testament il institua sa légataire universelle dame Luce de la Garenne, sa femme.

Celle-ci se remaria à Jean de Grimonville, seigneur de la Lande-Héroult.

Elle mourut en 1603.

Jean de la Grandière eut de ce second mariage :

1° **JEAN DE LA GRANDIÈRE, seigneur du Bois-Gauthier, de Mercé, de Grimonville et de la Brosse, qui a fondé la branche de la Grandière de Normandie, dont sont sorties les branches de Bordeaux et de Bretagne, les seules qui existent actuellement et dont il sera parlé plus loin.**

2° CLAUDE DE LA GRANDIÈRE, morte sans alliance.

(1) Cette famille était originaire de Normandie.
Elle portait : Echiqueté d'or et d'azur de six pièces. (Voir pl. n° 7.)

(2) Cette famille était originaire de Normandie.
Elle portait : D'argent à deux chevrons rompus de sable, l'un à dextre, l'autre à senestre, accompagnés de trois coquilles de gueules. (Voir pl. n° 5.)

(3) De la maison des des Fossés, de Normandie, de laquelle était le marquis d'Iverly du nom de des Fossés, chevalier des ordres du Roi.

XIII

PALAMÈDE DE LA GRANDIÈRE

Haut et puissant seigneur Palamède de la Grandière, premier du nom, chevalier de Saint-Michel, seigneur de la Grandière, de Laillé, de la Motte-Sébron, de Loiré, de la Roche au Felle, de la Bodinière, baron de Houlebec en Normandie, lieutenant de la compagnie d'hommes d'armes du comte de Roche-Port, gouverneur d'Anjou, sous le commandement de Nicolas d'Angennes, épousa, le 20 janvier 1591, RENÉE DE LA COUSSAYE. Elle était fille de noble François de la Coussaye (1), seigneur de Longueville, engagiste de Saint-Laurent-des-Mortiers, et de Françoise Harengot, fille de Pierre Harengot (2), seigneur de la Beuzelinière, et d'Isabeau Quintin.

Le 29 novembre 1590, il assiste à l'inventaire des biens laissés par son père.

Hiret, dans ses *Antiquités d'Anjou*, fait mention de lui entre les seigneurs qui assistèrent le prince de Conti au siège de Rochefort, en 1592.

Il fit un partage avec ses frères et sœurs le 18 juillet 1596.

Il fut nommé commandant de la compagnie d'hommes d'armes du comte de Roche-Port par certificat du 11 juillet 1603.

Il fut un des députés pour la confection des cahiers de la province d'Anjou, pour les états-généraux tenus à Paris en 1614.

(1) François de la Coussaye était fils de Jacques de la Coussaye et de Catherine Gaultier, sœur de cette Jeanne Gaultier qui était femme de Jean Le Peletier, seigneur de la Rainière. Il avait pour frère Jean de la Coussaye, seigneur de la Porte, près Château-Gonthier, père de Trajan de la Coussaye, président de la Chambre des Comptes de Bretagne. Cette famille est originaire du Poitou et ses membres furent seigneurs du Fougeray, de la Porte et de Serzay.

Elle portait : De gueules au lion d'or, au chef d'argent chargé de trois étoiles d'azur. Devise : *Patriæ subsidient astra leonis* (Voir pl. n° 5).

(2) Pierre Harengot était fils de Jacques Harengot, licencié ès-lois, mentionné dans le procès-verbal de la coutume d'Anjou à l'article Des nobles.

Lui et sa femme firent une donation à leur fils Louis le 1ᵉʳ mars 1618.

Il fut fait chevalier de l'ordre de Saint-Michel par lettre du roi Louis XIII, écrite à Fontainebleau le 22 avril 1621, et obtint une commission le 17 janvier 1625.

Il est à remarquer que Palamède de la Grandière prend, en 1628, la qualité de haut et puissant seigneur, et que dans son contrat de mariage il n'a pris que celle de noble homme.

Il reçut une lettre du roi Henri IV qui le priait de se réunir à ses fidèles pour le secourir dans les guerres de la ligue.

Il tint aux environs de Saumur un enfant sur les fonts baptismaux avec Marie de Médicis.

Il fit son testament le 8 juin 1655.

Il a vécu quatre-vingt-dix-neuf ans et avait été page de Henri III.

Leurs enfants furent :

1° Charles de la Grandière.

2° HENRI DE LA GRANDIÈRE, religieux de l'abbaye de Saint-Serge, à Angers. Il mourut avant son père.

3° JACQUES DE LA GRANDIÈRE, religieux de l'hôpital Saint-Jean, à Angers. Il mourut également avant son père.

4° LOUIS DE LA GRANDIÈRE, seigneur de la Noë, curé de Grez-Neuville en mars 1630, inhumé le 6 octobre 1672, âgé de soixante-seize ans.

5° SUZANNE DE LA GRANDIÈRE, mariée, le 21 septembre 1628, à ROCH DE LA FERRIÈRE (1), écuyer, seigneur de la Provosté et de Gatines, fils unique de Claude de la Ferrière, seigneur de Gatines, et de demoiselle Marie Béhod. Le mariage fut célébré à la Trinité d'Angers.

---

(1) Les La Ferrière, originaires de Bretagne, étaient seigneurs de la Ferrière, de la Vanne, de Gastine, de l'Espinay, de la Chaussée, de Vaudesalier et de la Mahonnière. On remarque dans cette famille : Jean, seigneur de Gastine, qui vivait en 1478 ; Robert, son fils, épouse Jeanne Lorance ; Roch, gentilhomme de la chambre, maître des requêtes de la reine, en 1601, épouse Renée de Montmorency-la-Neuville.

Ils portaient : D'argent à trois fers de mule de sable. (Voir pl. n° 7.)

XIV

CHARLES DE LA GRANDIÈRE

Charles de la Grandière, troisième du nom, seigneur de la Grandière et de Laillé, baron de Houlebec, capitaine dans le régiment de Philippe de Laval, marquis de Sablé, son parent, épousa, le 5 août 1622, JEANNE D'ORVAUX (1), fille de Charles d'Orvaux, chevalier, seigneur des Essarts, de la Beuvrière et de Champiré, et de Françoise de Villiers du Bois de Gré (2).

Le contrat de mariage fut fait au château de la Beuvrière par Desassy, notaire. Le mariage fut célébré à la Trinité d'Angers le 8 août 1622.

Elle eut en dot la somme de vingt-deux mille livres tournois. Et lui eut en mariage le château de la Grandière et le tiers de tous les biens de ses père et mère.

Ils se firent une donation mutuelle le 1er avril 1625.

Il fut maintenu dans sa noblesse avec Palamède de la Grandière, son père, par les commissaires royaux, sur le fait des francs fiefs, le 30 avril 1635.

Il passa une obligation à Suzanne, sa sœur, le 31 janvier 1632. Il obtint une sentence le 13 février 1636.

Jeanne d'Orvaux, sa veuve, passa un accord avec son fils aîné René, le 25 mai 1647.

Leurs enfants furent :

1° René de la Grandière.

2° CHARLES DE LA GRANDIÈRE, capucin, dit le Père Jean l'Évangéliste, d'Angers.

3° LOUIS DE LA GRANDIÈRE, carme, dit le Père Samuel.

(1) Cette famille est originaire de Touraine.
(Voir page 21, note 4, et pour les armes pl. n° 7.)
(2) Cette famille portait : D'or à trois cottices d'azur péries en bandes du chef aussi d'or.

4° MADELEINE DE LA GRANDIÈRE, dame de Laillé, mariée, le 19 février 1651, à messire RENÉ DE FONTENELLES (1), chevalier, seigneur de Fontenelles et de Souvigny, fils de René, seigneur de Fontenelles, et de Philippe Jouet (2). Il fut premier avocat du Roi et procureur du Roi au siège présidial d'Angers.

Le 6 décembre 1672, devant Neveu, notaire royal à Loigné, fut passé le contrat de mariage de leur fille Madeleine avec messire Honoré-Eustache de la Lande, chevalier, seigneur de Saint-Martin et de Villenglose (3).

Une autre de leur fille, Anne, épousa un d'Andigné (4), et par cette alliance la terre de Laillé passa dans cette famille.

XV

RENÉ DE LA GRANDIÈRE

Noble et puissant René de la Grandière, deuxième du nom, chevalier, seigneur de la Grandière et de la Giraudière, baron de Houlebec, né le

---

(1) La famille Fontenelles portait autrefois le nom de Guibert, famille très ancienne de la province d'Anjou. Ils étaient seigneurs de Fontenelles, de Souvigny, de la Forterie, de la Fenardière, de Launay et de la Renaudière.

Ils portaient : D'argent à quatre fleurs de lys de gueules posées aux quatre coins de l'écu. (Voir pl. n° 7.)

(2) Cette famille Jouet est une très ancienne famille de la province d'Anjou. Ils étaient seigneurs de la Saullaie et de Piédoault. On y remarque : Gabriel qui fut maire d'Angers en 1623.

Ils portaient : D'azur à deux jouets ou guidons adossés, passés en sautoir, d'or, accompagnés en chef d'une étoile et en pointe d'une coquille de Saint-Michel de même.

(3) On remarque dans cette famille : François-Alexandre, chevalier de Malte, en 1717.

Ils portaient : D'or à un cor de chasse de sable enguiché de même et un chef de gueules chargé de trois étoiles de six raies d'or, soutenu de sable.

(4) La famille d'Andigné est originaire d'Anjou. On y remarque : Jean, croisé en 1190 ; autre Jean, croisé en 1248 ; autre Jean qui ratifie le traité de Guérande en 1381 ; Olivier, fils de Geoffroi, seigneur d'Angrie et de Barbe de la Porte, vivant en 1392, épouse Jeanne du Bois de la Cour ; Guillaume, marié à Antoinette de Cancoët, s'établit au xvie siècle en

26 juin 1625, épousa, le 10 juin 1647, FRANÇOISE DE BEAUREGARD (1), fille de messire François de Beauregard (2), chevalier, seigneur de la Lande et du Fresne, et de Renée de la Dufferie (3).

Le contrat de mariage fut passé devant René Jugnuyn, notaire au Mans. Elle reçut pour dot huit mille livres tournois et six cents livres de rente en terre.

Il fut institué héritier universel par Palamède de la Grandière, son aïeul, le 8 janvier 1655.

Il transigea avec sa femme le 24 janvier 1649. Ils intervinrent, le 5 juin 1654, au partage des biens de leur mère, Renée de la Dufferie.

Il fut maintenu dans sa noblesse par M. Voisin de la Noiray, intendant en Anjou et Touraine, le 18 juillet 1667.

Lui et sa femme transigèrent, le 19 février 1674, avec leur fils aîné.

Ils étaient morts l'un et l'autre en 1685, époque à laquelle leurs enfants se partagèrent leurs biens.

Leurs enfants furent :

1° François-Louis de la Grandière.

Bretagne ; cette maison a produit six chevaliers de Malte depuis 1597, et sept conseillers aux parlements depuis 1611 ; deux maréchaux de camp en 1702 et 1788 ; un évêque de Dax en 1733 ; un évêque du Léon, puis de Chalons-sur-Saône, aumônier de la reine Marie Leczinska et abbé d'Eu en 1773, mort en 1800 ; un évêque de Nantes en 1819 ; un pair de France en 1815 ; deux membres admis aux honneurs de la cour depuis 1771.

Ils portent : D'argent à trois aiglettes de gueules, becquées et membrées d'azur. Devise : *Aquila non capit muscas.*

(1) Cette famille est originaire d'Anjou. On y remarque : Mathurin de Beauregard, chevalier, qui vivait, avec Louise de Bèze, sa femme, avant l'an 1507 ; René, son petit-fils, seigneur du Verger, épousa Jacqueline du Bouchet de Sourches ; Louis-Charles et René-Charles, tous deux pages du roi, dans ses petites écuries, l'un reçu le 10 décembre 1730 et l'autre le 26 mars 1734.

Cette famille porte : D'argent à un chevron d'azur (ou de sable bordé d'azur), accompagné en chef de deux lions de gueules affrontés. (Voir pl. n° 6.)

(2) François de Beauregard était fils de messire Honorat-Benjamin de Beauregard et de Madeleine d'Antenaise du Port-Joulain, une des plus illustres maisons des provinces d'Anjou, du Maine et de Touraine.

(3) Renée de la Dufferie était fille de Guy de la Dufferie et de Marie de Fontenailles.

La famille de la Dufferie était une très ancienne maison noble du Maine.

Elle portait : De sable au chevron d'or accompagné en pointe d'un trèfle d'or.

2° RENÉ-LOUIS DE LA GRANDIÈRE, bénéficier, curé de Saint-Germain-le-Guillaume. Il vivait encore en 1700.

3° RENÉ-JEAN DE LA GRANDIÈRE, mort avant ses parents.

4° RENÉE DE LA GRANDIÈRE, religieuse dans le prieuré de la Fontaine-Saint-Martin, près La Flèche, morte avant ses parents.

5° MADELEINE DE LA GRANDIÈRE, qui épousa LOUIS BRANDELÈS DE MORE (1), chevalier, seigneur du Val dans la paroisse de Rubé en Maine.

6° FRANÇOISE DE LA GRANDIÈRE, morte supérieure de l'hôpital général d'Angers.

XVI

FRANÇOIS DE LA GRANDIÈRE

Messire François-Louis de la Grandière, premier du nom, chevalier, seigneur de la Grandière et de la Giraudière, baron de Houlebec, épousa, le 5 juin 1671, devant Noël Drouin, notaire royal à Angers, LUCRÈCE MÉNAGE (2), née à Angers le 5 août 1644, et baptisée le même jour dans l'église Saint-Michel-du-Tertre, fille de messire Guillaume Ménage, conseiller

(1) Moré est une famille noble et très ancienne de la province du Maine.
Ils portaient : D'azur à la croix pattée d'argent. (Voir pl. n° 7.)

(2) Ménage est une famille très ancienne de la province d'Anjou. Ils étaient seigneurs de la Maurinière, de l'Anerie, de Soucelles, d'Écouflant et de Briollay. On y remarque : un chanoine d'Angers en 1382 ; Mathieu, recteur de l'Université de Paris en 1417, théologal de l'église d'Angers ; Guillaume, conseiller de la ville d'Angers en 1619, doyen de Saint-Pierre d'Angers après avoir cédé ses fonctions d'avocat général à son fils Pierre en 1647. Gilles, né à Angers en 1613, érudit, auteur des origines de la langue française, mort en 1692 ; Guillaume, maire d'Angers, 1652-1653, lieutenant particulier au présidial ; François, contrôleur général des fermes à Angers, 1779 ; Louis, chevalier de Saint-Louis, 1789 ; Jean-Baptiste, conseiller municipal d'Angers, conseiller général de Maine-et-Loire, jusqu'en 1830, dernier du nom en Anjou.
Ils portaient : D'argent au sautoir d'azur chargé en cœur d'un soleil rayonnant d'or. Devise : Avec tous, bon ménage. (Voir pl. n° 6.)

du Roi en ses conseils et lieutenant particulier au siège présidial d'Angers, et de Madeleine Louët (1), fille de messire Charles Louët (2), aussi conseiller du Roi en ses conseils, et d'Anne Joubert.

Il partagea avec son frère René et sa sœur Madeleine les successions de leurs père et mère par acte du 28 avril 1685.

Il était mort en 1699.

Leurs enfants furent :

1° Gilles-François de la Grandière.

2° RENÉ-LOUIS DE LA GRANDIÈRE, mort sans postérité.

3° GUILLAUME DE LA GRANDIÈRE, écuyer, lieutenant au régiment de Saint-Sulpice, mort sans postérité.

4° PALAMÈDE-FRANÇOIS DE LA GRANDIÈRE, seigneur du Landreau et de la Grange, baptisé le 14 janvier 1686 en l'église Saint-Pierre d'Angers. Il fut chevalier de l'Ordre du Roi, capitaine au régiment de Champagne, commandant le bataillon des milices d'Angers. Il fut nommé par un brevet du Roi lieutenant-colonel d'infanterie.

Il épousa, par contrat passé devant Me Bossoreille, notaire royal à Angers, le 14 novembre 1720, demoiselle MARIE-FRANÇOISE DU BOUL DE

(1) Il est à remarquer que Madeleine Louët, après la mort de Guillaume Ménage, son mari, a épousé messire Guy-Louis de Longueil, chevalier, seigneur des Chesnaies, dont elle a eu Charles-Joseph de Longueil des Chesnaies.

(2) La famille des Louët, de la ville d'Angers, est sans conteste la première famille patricienne de cette ville, soit qu'on considère son antiquité ou ses alliances. Ils étaient seigneurs de la Souche, de la Louterie, de la Motte-d'Orvaux, de Longchamps, de la Fleuriaie, d'Escarbot-Gatevin, du Plessis Rémond, de la Guitoisière, de la Romanerie, de la Boutonnière, du Perray, de la Porte, de Servaux, de Chauvon et de la Marsaulaie.

On remarque dans cette famille : Pierre, maître d'hôtel du roi René en 1426 ; Jean, curé de Brion, abbé de Toussaint en 1462 ; James, lieutenant général à Baugé, trésorier général du comte d'Anjou et président de la Chambre des Comptes, mort en 1479 ; Jacques, conseiller au grand conseil, en 1483 ; Clément, lieutenant général de la Sénéchaussée d'Anjou, 1575 ; René, lieutenant particulier du sénéchal d'Anjou, 1581 ; Georges, doyen de Saint-Jean-Baptiste d'Angers, abbé de Toussaint, 1598, évêque de Tréguier, jurisconsulte ; Charles, maire d'Angers, en 1631, conseiller du roi et lieutenant en la sénéchaussée d'Anjou; René, conseiller au présidial d'Angers, 1696 ; Georges, président à l'élection de Baugé en 1696; René-Sébastien, conseiller au présidial d'Angers, en 1712, érudit ; Charles, prieur des Roches-Saint-Paul, peintre et poète, 1715 ; Georges, recteur de l'Université d'Angers, official du diocèse, né en 1625.

Cette famille portait : D'azur à trois coquilles d'or posées deux et une.

d'Orvaux

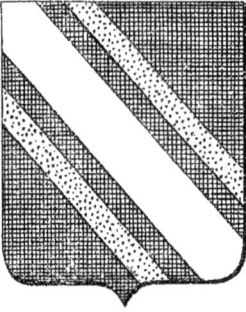

de Beauregard

Ménage

du Boul de Cintré

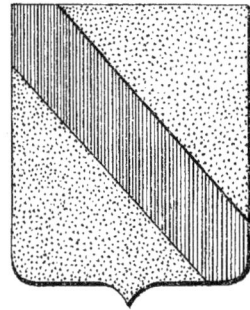

Richer de Monthéard

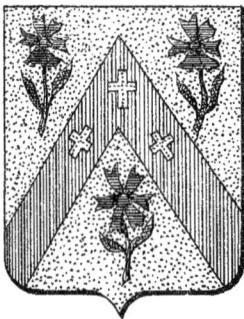

de Farcy

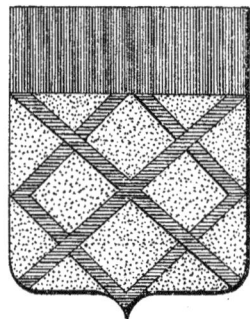

CINTRÉ (1), fille de messire François du Boul, chevalier, seigneur de Cintré en Anjou, et de dame Marie-Françoise d'Avoine de la Jaille (2). Le mariage fut célébré à la Trinité d'Angers le 18 novembre 1720.

Ils eurent pour fils :

FRANÇOIS-PHILIPPE-PALAMÈDE DE LA GRANDIÈRE, né à Mazières en Touraine le 17 septembre 1730 ; il épousa dans la même ville, le 10 septembre 1759, FRANÇOISE RICHER DE MONTHÉARD (3), fille de feu Pierre Richer, seigneur de Monthéard, et de Marie Le Cornu (4).

Leurs enfants furent :

a. — FRANÇOIS-AUGUSTIN-JÉRÉMIE-PALAMÈDE DE LA GRAN-

---

(1) Les du Boul étaient seigneurs de Cintré, de Chaudolant, de la Sionnière, de la Tour, de la Vergue, des Forges, des Janières, des Saunières.

On y remarque : Auguste-François, chevalier de Malte, en 1719.

Ils portaient : D'or à la bande de gueules. (Voir pl. n° 6.)

(2) Les d'Avoine, originaires d'Anjou, étaient seigneurs de la Jaille, de Gastine, de Fougeray, de la Pommeraie, de Combrée, de Vitré, de la Meignannerie et de Hardic.

On y remarque : Guillaume qui épouse, en 1410, Louise du Plessis ; André, secrétaire du duc de Bretagne et clerc général des montres de ses gens de guerre, en 1473 ; Jean, maire d'Angers, en 1539 ; Jacques, gouverneur et sénéchal de Montpellier en 1618.

Ils portaient : De gueules au léopard d'argent.

(3) La maison Richer, originaire du Maine, est très ancienne dans cette province où elle a toujours occupé les premières charges. Ils furent seigneurs de Monthéard, de Beauchamp, du Breil, de Neuville, de Rodes, de la Morelière, de Gaigné, de Boismaucler, de Montauban, d'Aube, de la Rochejaquelin et de Saint-Germain sous Daumeray.

Cette famille remonte à Richard Richer, qui fit une vente en 1310 à Guillaume de Ségrie. On y remarque : Jean Richer, conseiller au parlement de Paris, en 1355 ; Thomas, conseiller du comte du Maine, fit partie, en 1387, du conseil chargé de reviser le droit coutumier ; Jacques, président du présidial de la Flèche, en 1625 ; Louis, évêque de Trois-Rivières (Canada), en 1870.

Ils portaient : D'or au chevron de gueules, chargé de trois croisettes d'or, accompagné de trois bleuets d'azur tigés et feuillés de sinople et posés deux et un. Devise : *Honos et fides.* (Voir pl. n° 6.)

(4) Cette famille est une très ancienne famille de la province de l'Anjou : elle portait primitivement le nom de Le Diable ; ce fut Renault Le Diable qui changea son nom contre celui de Le Cornu, en 1330.

On y remarque : Pierre, chevalier de Rhodes avant 1503 ; Claude, chevalier de Malte, en 1567 ; Pierre, capitaine et gouverneur du château de Craon pour la Ligue, en 1592 ; Nicolas, évêque de Saintes, mort en 1617 ; Louise, abbesse de Saint-Julien-du-Pré, au Mans ; Marie, supérieure des religieuses hospitalières de Beaufort, en 1755.

Ils portaient : D'or au massacre de cerf de gueules surmonté d'une aigle éployée de sable posée entre les branches.

DIÈRE, né le 8 mai 1764 à Saint-Pierre-de-Mazières, près Longeais en Touraine, produisit ses preuves de noblesse en 1773 et fut élevé au collège royal de la Flèche. Il fut officier au régiment du maréchal de Turenne, le 6 mai 1780, sous-lieutenant le 16 juin 1781; épousa en 1790 demoiselle de Farcy (1), dont il n'eut qu'un fils, mort en bas âge.

Il fut tué dans un combat près de Nimègue en 1793.

b. — HÉLÈNE-FRANÇOISE-JULIE DE LA GRANDIÈRE, morte à Saint-Cyr.

5° LOUISE-MADELEINE DE LA GRANDIÈRE, mariée à PROSPER CALASSENA.

XVII

GILLES-FRANÇOIS DE LA GRANDIÈRE

Gilles-François de la Grandière, seigneur de la Grandière et de la Giraudière, épousa, par contrat du 20 octobre 1695, CHARLOTTE-MARIE BRILLET DE VILLEMORGE (2). Il était filleul de messire Gilles Ménage, conseiller et aumônier du Roi, son grand-oncle.

(1) Les de Farcy étaient originaires de Normandie. Ils étaient seigneurs de la Carterie, de Pont-Farcy, de Ballors, du Bois, de la Daguerie, du Roseray, du Tressault, de Boutigné, de Cangens, de Fleins, de la Beauvaie, du Breil-Bérard, de Grand-Pont, de Cuillé, et de Chamfleury.

On y remarque : Michel, enquêteur à Alençon, en 1530, marié à Marie de Moulinet; Bonnaventure, huissier du département de Bretagne, en 1579; Annibal, procureur fiscal et procureur général des eaux et forêts du comté de Laval, en 1601; confirmé ou anobli en temps que besoin par lettre de 1643, pour services militaires de lui et de ses frères, sous Henry III et Henry IV. Il est l'auteur de toutes les branches de cette famille qui, depuis, a produit : un gouverneur de Vitré en 1630; deux pages du roi depuis 1692; plusieurs conseillers au parlement et présidents aux requêtes et un président à mortier depuis 1671; un chevalier de Malte en 1726; et un évêque de Cornouaille, mort en 1777.

Ils portaient : D'or fretté d'azur de six pièces au chef de gueules. Devise : Jamais ne varie. (Voir pl. n° 6.)

(2) Les Brillet étaient originaires de Bretagne et une des branches de cette famille se transplanta dans le Maine et l'Anjou. Ils étaient seigneurs de Villemorge, de Loiré, de

Leurs enfants furent :

1° Gilles-François de la Grandière.

2° JOSEPH DE LA GRANDIÈRE, mort sans postérité.

3° MARIE-LOUISE DE LA GRANDIÈRE, morte en bas âge.

4° LUCIE-LOUISE DE LA GRANDIÈRE, mariée le 17 mars 1735, dans la chapelle du château de la Grandière, à LOUIS DE JACQUELOT (1), fils de Jean-Baptiste de Jacquelot (2).

XVIII

GILLES-FRANÇOIS DE LA GRANDIÈRE

Gilles-François de la Grandière, seigneur de la Grandière, de la Giraudière et du Plessis, épousa, en **1733**, MARGUERITE DE TALOUR DE LA

Candé, de la Villate, de la Motte-Sebron, de la Ferté, de la Gric, de Laubinière, du Rolland, de Langevinière, de la Roullaye, de Monthorin, de la Lorrais, de la Houssais, du Plessix, des Hayes, du Launay, du Mesnil, de la Suzonière et de la Corbinais.

On y remarque : Jean, écuyer dans une montre de du Guesclin en 1371 ; Drouet, seigneur du Rolland, témoin dans un contrat passé sous le sceau de la cour de Vitré, en 1376, père de : 1° Pierre, époux d'Isabeau d'Orenges, dame de Laubinière, qui ont continué la filiation ; 2° Guillaume, évêque de Saint-Brieuc, puis de Rennes, mort en 1448 ; Nicolas, secrétaire du roi en 1652 ; Prigent, maire d'Angers, en 1815 ; Amédée, conseiller général de Maine-et-Loire, en 1852.

Ils portent : D'argent à trois têtes de loup arrachées de gueules lampassées de même et posées deux et une. (Voir pl. n° 8.)

(1) Les de Jacquelot étaient originaires d'Anjou. Ils étaient seigneurs de la Motte, de la Villeneuve, du Boisrouvray, de Beaufort, de Camzillon, du Gué de l'Isle, de la Sauldraye, de la Roche, des Grignons, des Besnardières, du Plessis-Brizet, de la Roandière.

On y remarque : Jean, conseiller au parlement de Paris, en 1553, père d'Adrien, conseiller au présidial d'Angers, marié à Jacquemine des Landes dont : Adrien, conseiller au parlement de Bretagne, en 1576, marié à Lucrèce Nouault ; plusieurs autres conseillers aux parlements de Bretagne et de Paris depuis 1553 ; un gentilhomme ordinaire de la chambre du Roi en 1650 et un vicaire général de Vannes, abbé de Saint-Jean-des-Prés, en 1784

Ils portent : D'azur au chevron d'argent, accompagné en chef de deux mains dextres de même et en pointe d'une levrette assise de même colletée d'or. (Voir pl. n° 7.)

(2) Ce Jean de Jacquelot eut quatre enfants dont l'aînée épousa M. du Couédic de Kergualer, devenu gentilhomme de la chambre du roi Charles X et colonel des cuirassiers de la garde ; la troisième fut mariée à M. de Belle-Isle Pepin.

CARTERIE (1), fille de Mathieu Talour de la Carterie et de demoiselle Marguerite du Bailleul (2).

Il mourut en 1755 et Marguerite, sa veuve, en 1772.

Leurs enfants furent :

1° Palamède-Guy de la Grandière.

2° HERCULE-GILLES-MARIE DE LA GRANDIÈRE, marié le 3 octobre 1772 à MARIE-ADELAIDE DE TALOUR DE LA CARTERIE (3), sa cousine, fille de Guy-Barthélemy de Talour de la Carterie et de Jeanne Ollivier (4). Le mariage fut célébré à Saint-Michel-du-Tertre, à Angers, le 6 octobre 1772.

Il était chevalier, seigneur du Plessis, paroisse de la Jaille-Yvon. Il fut capitaine dans le régiment d'Aquitaine, chevalier de l'ordre de Saint-Louis.

Le 18 mars 1789, il assista à l'assemblée de la noblesse d'Anjou, convoquée pour l'élection des députés aux États-Généraux.

Ayant pris les armes dans la Vendée, il fut fait prisonnier et condamné à mort par une commission militaire à Angers, le 3 janvier 1794.

Sa veuve mourut au château de Montreuil-Bellay, où elle était détenue pour cause de suspicion, le 27 pluviôse an II (18 février 1794).

3° X..... DE LA GRANDIÈRE, mort à Arras étant officier.

XIX

PALAMÈDE DE LA GRANDIÈRE

Palamède-Guy-Marie de la Grandière, chevalier, seigneur de la Grandière, de la Giraudière et d'autres lieux, épousa, le 16 août 1763, à Saint-

---

(1) Les Talour, originaires d'Anjou, étaient seigneurs de la Carterie et de la Villonnières. On y remarque : Jean, conseiller à la chambre de Bretagne, en 1740 et plusieurs officiers aux comptes depuis 1713.

Ils portaient : D'azur à la croix pattée d'argent chargée au milieu d'un cœur de gueules. (Voir pl. n° 8.)

(2) Voir page 9, note 1.

(3) Voir ci-dessus, note 1.

(4) Ollivier était une ancienne famille du Nivernais, ayant produit ses preuves de noblesse depuis 1650.

Ils portaient : D'azur à un olivier d'or mouvant d'un croissant de même surmonté de trois étoiles d'or rangées sur fasce.

de Mandon

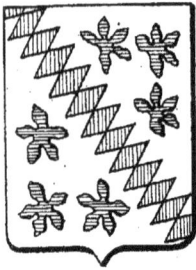

de Montéclerc

de Grimonville

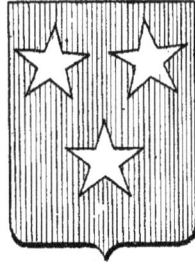

de Cissey

de Courcelles

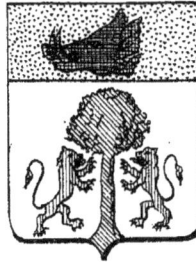

de Tirepoil

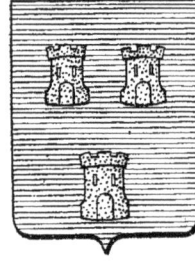

Chapelain

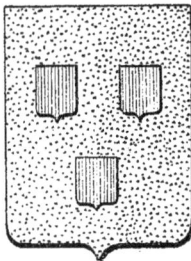

Randel

la Ferrière

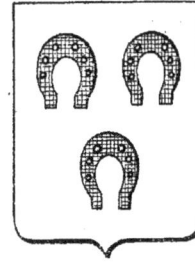

Fontenelles

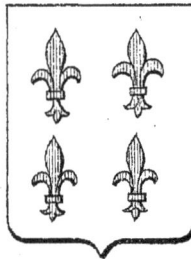

Moré

de Jacquelot

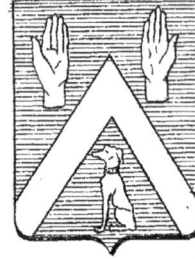

Martin d'Angers, MARIE-ROSALIE JOUET DE LA SAULAYE (1), fille de messire Gabriel Jouet, écuyer, seigneur de la Saulaye, et de dame Renée-Louise Prégent (2).

Il était docteur ès-arts d'Angers.

Il mourut au château de la Grandière à Grez-Neuville, le 21 septembre 1776, à l'âge de quarante ans, et fut enterré le 23 dans la chapelle de Sainte-Catherine (3), à Neuville.

Sa femme était décédée le 31 octobre 1765.

Leurs enfants furent :

1° Palamède-Gilles-Gabriel de la Grandière.

2° EUGÈNE-JACQUES DE LA GRANDIÈRE, mort en bas âge en 1767 et inhumé à Grez-Neuville.

XX

PALAMÈDE DE LA GRANDIÈRE

Palamède-Gilles-Gabriel-Marie de la Grandière, seigneur de la Grandière, de Grez-Neuville et du Plessis, chevalier, naquit au château de la Grandière en 1764. Il fut cadet gentilhomme le 16 mai 1780, puis sous-lieutenant au régiment d'Aquitaine le 18 septembre 1781.

Il fut présent, le 18 mars 1789, à l'assemblée de la noblesse de la Sénéchaussée d'Anjou pour l'élection des députés aux États-Généraux du royaume.

Il épousa le 9 juillet 1787, par contrat passé par Me Le Duc, notaire à Angers, AGATHE-MARIE POISSON DE LA FAUTRIÈRE (4), décédée à

(1) Voir page 33, note n° 2 et pour les armoiries, pl. n° 8.

(2) Les Prégent portaient : D'azur à une fasce d'argent bordée de gueules.

(3) Voir page 11, note 4.

(4) Les Poisson étaient seigneurs de la Fautrière de Gennes, de Soulepuy, de Gatine, de Lachat, de Montaigu, de Saint-Eusèbe de Gennes, des Rosiers, de Frémoulin, de Brunesac, de la Frémondière, de la Berlais, de Charrost, de Neuville.

Angers le 2 juillet 1792. Elle était fille de François-Alexandre Poisson, sei-gneur de la Fautrière, et de Antoinette-Aimée Le Roy de Charrost (1).

Il fut élu maire de Grez-Neuville le 9 février 1821. Il mourut à Angers le 23 février 1822.

Leurs enfants furent :

1° PALAMÈDE, COMTE DE LA GRANDIÈRE, né à Angers le 27 juin 1788, épousa, par contrat du 14 juillet 1818, passé devant Mᵉ Martinet, notaire à Château-Gonthier, JULIE-CATHERINE SALOMON DE LA TULLAYE (2), née à Courville (Eure-et-Loir), le 16 thermidor an VII (3 août 1799), fille de Augustin-Louis Salomon de la Tullaye, marquis de Magnanne, et de Henriette-Julie Perrie de la Villestreux (3).

De ce mariage il eut un fils mort en bas âge, peu avant sa mère, à Angers, en février 1822.

On remarque dans cette famille : Charles, maire d'Angers, en 1673-1676 ; Jacques, chevalier de Saint-Louis, en 1789.

Ils portaient : D'azur au dauphin d'argent couronné d'or et barbelé de gueules. (Voir pl. n° 8.)

(1) Les Le Roy de Charrost étaient une très ancienne famille de la province d'Anjou.

Ils portaient : D'azur à la griffe de lion appaumée d'argent et soutenue en pointe d'une fleur de lys de même.

(2) Les de la Tullaye étaient seigneurs de la Tullaye, de la Jaroussaye, de la Haie-Derée, de Guépillon, du Mée, du Plessis-Tizou, de Belle-Isle, de Port-Durand, du Breil, de Launay-Gohin, de Varennes, de Coatquelfeu, de Troërin, marquis de Magnanne, du Fresne et de Savennières.

On y remarque : Etienne, seigneur de Guépillon, prête serment à Jean, duc d'Alençon, baron de Fougères, en 1418 ; Guillaume, vivant en 1427, épouse Guillemette de Guitté, dont : Jacques, marié à Raoulette du Parc ; plusieurs auditeurs, maîtres et procureurs généraux aux comptes de 1555 à 1782 ; un maire de Nantes, en 1629 ; une fille à Saint-Cyr en 1711 ; un conseiller au parlement en 1770 ; un contre-amiral en 1816, mort en 1821 ; un membre a fait ses preuves de noblesse pour les honneurs de la cour en 1789.

Ils portent : D'or au lion de gueules armé et lampassé de même. (Voir pl. n° 8.)

(3) Les Perrie de la Villestreux étaient seigneurs du Coudray, du Tertre, de la Poterie, marquis de Courville et de la Fresnay.

On y remarque : un capitaine de vaisseau compagnon d'armes de Duguay-Trouin, en 1691 ; un capitaine général des galères, puis chef d'escadre de Philippe V d'Espagne, en 1705 ; un secrétaire du roi, en 1707 ; un maître des comptes en 1768.

Ils portaient : D'azur au croissant d'or accompagné en chef de deux étoiles aussi d'or et en pointe d'une ancre de même. — Devise : *Mare nascitur fortitudo.*

Il fut décoré de l'ordre de Saint-Grégoire-le-Grand le 7 juin 1862.

Il possédait la terre seigneuriale de la Grandière, dont une grande partie fut vendue nationalement pendant la Révolution, mais qui fut en partie reconstituée peu à peu par son père et par sa grand'mère maternelle, Mme Poisson de la Fautrière, qui, n'ayant pas émigré, conserva ses biens et racheta nationalement une partie de ceux de ses petits-fils. Le château de la Grandière qui, suivant la tradition, se trouvait primitivement dans le bois du même nom, puis ensuite dans l'emplacement de la ferme qui porte encore ce nom, venait d'être reconstruit au moment de la révolution à l'endroit où il se trouve actuellement; il n'était même pas achevé, et c'est pour cette cause qu'il ne fut pas vendu nationalement avec les fermes voisines. Ce château ne fut achevé que vers 1830.

Outre la terre de la Grandière, il avait eu en partage, après la mort de son père et de sa grand'mère, la terre de Charrost en Contigné venant de sa grand'mère maternelle Le Roy de Charrost, et la terre de la Pouëze, venant des Talour de la Carterie.

Il fut maire de Grez-Neuville du 15 septembre 1837 au 26 août 1848.

Il mourut au château de la Grandière et fut inhumé dans un caveau de l'église de Grez, qu'il avait fait construire entièrement à ses frais pour en faire une paroisse indépendante de Neuville.

Il avait fait également construire et entretenait à ses frais une école libre pour les petites filles de Grez et de Neuville.

Par son testament olographe en date du 3 mars 1861, il laissa toute sa fortune à sa belle-sœur, veuve de son frère Eugène, avec laquelle il vivait presque constamment, soit à Angers, soit au château de la Grandière, soit au château de la Fautrière, et qui continua ses œuvres dans la paroisse de Grez.

2° JOSEPH-AUGUSTE DE LA GRANDIÈRE, né en 1790, garde d'honneur, tué à Leipsick le 18 octobre 1813.

3° Eugène-Charlemagne de la Grandière.

XXI

EUGÈNE COMTE DE LA GRANDIÈRE

Eugène-Charlemagne, comte de la Grandière, né pendant l'émigration à Aix-la-Chapelle, le 4 février 1792, épousa, le 30 juillet 1827, SOPHIE-MARIE DE JOURDAN (1), née à Angers le 13 juillet 1806, fille unique de Louis-Charles de Jourdan (2), chevalier de l'ordre royal et militaire de Saint-Louis, et de Sophie-Pauline Boguais de la Boissière (3). Le contrat de mariage fut passé à Angers par Mᵉ Léchalas, notaire.

Ce fut lui qui fit construire l'hôtel de la Grandière à Angers et le beau château de la Fautrière, dans la commune de la Jumellière (Maine-et-Loire).

Outre la terre de la Fautrière, il avait eu en partage celle de la Frémondière, commune de Neuvy, qui venait de la famille Poisson de la Fautrière, et celle du Plessis, commune de la Jaille-Yvon, qui venait de la famille de la Grandière et qui fut vendue par lui en 1835 à M. Doublard-Duvigneau.

Il fut élu maire de la commune de la Jaille-Yvon le 21 octobre 1815, mais donna sa démission en 1816.

Il mourut à Angers le 19 juillet 1857 et fut inhumé dans le caveau de l'église de Grez.

(1) Cette famille originaire de la province d'Anjou y occupait un rang distingué dès le xviᵉ siècle. Jean Jourdan, seigneur de la Chalouère, procureur du roi en la ville d'Angers ; Fiacre, seigneur de Chamberry et René, seigneur de la Fresnilière, figurent dans un acte du 19 mars 1580. Les de Jourdan étaient seigneurs de la Houssaie, de la Berthelotière, de Fleins et de Trélau.

On y remarque : Mathurin, seigneur de Fleins, qui fit enregistrer son blason dans l'armorial officiel de 1697 ; François, maire d'Angers, en 1707-1710 ; François, petit-fils du précédent, guillotiné en 1793.

Ils portent : D'argent à la fasce de gueules accompagnée de trois roses de même, deux en chef et une en pointe. (Voir pl. nº 8.)

(2) Il était seigneur de la Berthelotière et avait été cadet gentilhomme au service de la France avant 1789, puis officier dans l'armée de Condé.

(3) La famille Boguais, seigneur de la Boissière, porte : De gueules au franc canton d'argent chargé d'une croix ancrée de sable.

Brillet

Tallour

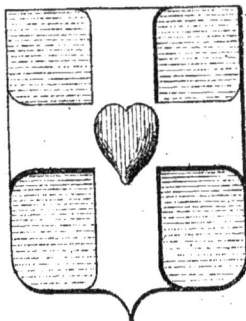

Jouet

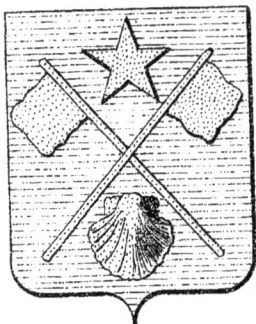

Poisson de la Fautrière

de la Tullaye

de Jourdan

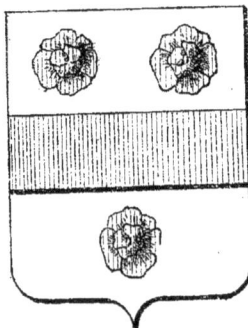

Sa veuve hérita par testament de tous ses biens et quelques années plus tard de ceux de son beau-frère Palamède, réunissant ainsi toute la fortune de la branche aînée des de la Grandière.

Ayant perdu tous ses enfants, elle employa la plus grande partie de ses revenus à faire de bonnes œuvres et principalement à l'édification et à l'ornementation de nombreuses églises. Parmi les grandes œuvres auxquelles elle contribua, on peut citer : l'Université catholique d'Angers, pour la fondation de laquelle elle donna cent mille francs ; le rétablissement de l'antique sanctuaire de Notre-Dame-sous-Terre, à Angers, qui lui coûta une somme considérable ; l'église de la Madeleine du Sacré-Cœur, à Angers, lui doit son maître-autel, sa chaire, son dallage, son clocher ; la Cathédrale un ostensoir unique en son genre ; la plus grande partie de l'École libre des Frères de la paroisse ; Grez-sur-Maine son clocher et l'ornementation intérieure de l'église, construite par son beau-frère, l'agrandissement de son école libre. La Jumellière lui doit la jolie chapelle des œuvres dans le couvent des sœurs.

Il serait impossible d'énumérer les calices, ciboires, bannières, croix de missions, vitraux, bannières de corporations, chapelles, etc., dûs à sa générosité dans le diocèse d'Angers.

Malgré toutes ses largesses, elle s'attacha à rétablir la terre de la Grandière telle qu'elle était avant la révolution, en rachetant, chaque fois qu'elle le put, les biens qui avaient été vendus nationalement.

Elle mourut à Angers le 28 octobre 1888 et son corps fut déposé dans le caveau de l'église de Grez, où se trouvaient déjà ceux de son mari, de sa fille Marie et de son beau-frère.

Avec elle se termine la branche aînée de la famille des de la Grandière.

Par son testament mystique, en date du 8 décembre 1887, elle institua comme son légataire universel le vicomte Augustin de la Grandière, de la branche dite de Bretagne, lui laissant l'hôtel d'Angers, les terres de la Grandière avec le château du nom, de Charrost en Contigné, de la Pouëze, une partie de celle de la Fautrière avec le château de ce nom, et celle de la Frémondière en Neuvy. Elle légua au baron Eugène de la Grandière, de la branche dite de Bordeaux, le château et la terre de la Berthelotière, venant de la famille de Jourdan, et les fermes éparses de la terre de la Fautrière. Elle fit de nombreux legs aux différents membres des familles de la Grandière, de Jourdan et Boguais de la Boissière.

Parmi les legs contenus dans son testament, pour un million environ, il faut citer un legs de cent mille francs pour les bonnes œuvres du diocèse d'Angers.

Leurs enfants furent :

1° ANNE DE LA GRANDIÈRE, morte en bas âge.

2° MARIE-LÉONTINE DE LA GRANDIÈRE, née à Angers le 30 mai 1830, morte à Paris le 22 juin 1844, inhumée dans le caveau de l'église de Grez.

3° YVONNE-MARIE-FRANÇOISE DE LA GRANDIÈRE, née à Angers le 10 mars 1852 et morte en février 1853.

BRANCHE

DES

DE LA GRANDIÈRE DE MONTGEOFFROY [1]

VIII

GUILLAUME DE LA GRANDIÈRE

Guillaume de la Grandière, fils puîné de Charles de la Grandière et de Catherine de Sacé (2), avait eu en partage avec son frère Bertrand la terre de Montgeoffroy ou Montjouffray, dans la commune de Mazé, et en 1470 il acheta la part de son frère pour une certaine quantité de blé et de vin (3). Outre cette terre, il avait eu en partage la Petite-Ferronière.

Il épousa, le 3 juin 1445, GUILLEMETTE FAUCHARD, fille de Jean Fauchard, écuyer, seigneur de la Fauchardière, et de demoiselle Jeanne de Varennes.

Il est nommé avec Jean du Plessis, seigneur de la Possonnière, parmi les vassaux de Louis de Bourbon, comte de Vendôme, dans un hommage rendu

---

(1) La scission de la branche des de la Grandière de Montgeoffroy avec la branche aînée a eu lieu en 1435. Voir page 16.

(2) Voir page 15.

(3) Voir page 16.

par ce prince, en l'année 1445, à raison de la terre d'Avrillé, appartenant à Jeanne de Laval, sa femme (1).

Il est nommé dans un autre aveu rendu, en 1453, par Isabeau de Hussar, veuve d'Hector de la Jaille, chevalier, seigneur de Mathefelon et de Durtal.

Leurs enfants furent :

1° Jean de la Grandière.

2° JEANNE DE LA GRANDIÈRE, qui épousa, en 1480, JEAN DE LA ROCHEFOUCAULD (2), écuyer, seigneur du Bouchet, près les

_____

(1) Chambre des comptes de Paris, registre 335, pièce 86.

(2) La maison de la Rochefoucauld descend d'un cadet des sires de Lusignan dont elle porte les armes avec trois chevrons pour brisure. Foucauld, tige de cette maison, né vers 980, serait frère de Guillaume Ier, sire de Parthenay, et par conséquent petit-fils de Hugues de Lusignan. On ignore s'il reçut en apanage ou si sa femme Jarsende lui apporta en dot la terre de la Roche qui, du nom de son nouveau propriétaire, fut appelée la Rochefoucauld. Ce fief est aujourd'hui une petite ville située à quatre lieues d'Angoulême.

Les descendants de Foucauld, premiers vassaux du comté d'Angoumois, jouèrent un rôle important dans les guerres de la Guienne du xie au xve siècle.

François de la Rochefoucauld tint sur les fonts baptismaux, en 1494, le roi François Ier, et, en mémoire de cet honneur, tous les fils aînés de sa maison portèrent le nom de François. La baronnie de la Rochefoucauld fut érigée pour lui en comté par lettre-patente de 1525. François IV, son arrière-petit-fils, épousa Claude d'Estissac, héritière de la maison de ce nom. François V, lieutenant général en Poitou, chevalier des ordres du Roi, fut créé duc et pair au mois d'avril 1622 ; son fils François VI, après avoir figuré dans les troubles de la Fronde, employa les loisirs de la retraite à écrire le livre des Maximes et ses Mémoires sur la régence d'Anne d'Autriche. Il fut père de François VII, qui épousa Jeanne-Charlotte du Plessis-Liancourt, dernier rejeton et héritière de la maison ducale de ce nom.

Alexandre, petit-fils de François VII, mourut, en 1762, sans laisser de postérité mâle, et la branche aînée s'éteignit avec lui. Il avait marié ses deux filles à deux cousins, issus et seuls rejetons de la seconde branche, celle des la Rochefoucauld-Roncy, qui s'était séparée de la souche à la mort de François III, massacré à la Saint-Barthélemy. Nicole, l'aînée des deux sœurs, dont le mari, créé duc d'Anville en 1732, mourut en 1746, n'eut qu'un fils, Louis-Alexandre, qui périt à Gisors, le 14 septembre 1792, sous les coups des révolutionnaires. Marie de la Rochefoucauld, la plus jeune, épousa Louis de la Rochefoucauld de Roye qui reçut, par brevet de 1737, le titre de duc d'Estissac, rendu héréditaire par lettre-patente de 1738 et qui mourut en 1783. François-Alexandre-Ludovic, né en 1747, fils aîné du duc d'Estissac, fut admis aux honneurs du Louvre en 1765 et prit alors le nom de duc de Liancourt qu'il conserva même après la mort de son père, en 1783, au lieu de lui succéder dans son titre héréditaire d'Estissac. Le duc de Liancourt, devenu chef de toute la maison par la mort du dernier duc et pair, en 1792, fut appelé à la pairie,

Tuffeaux, fils de Christophe de la Rochefoucauld (1) et de Michelette de Valée (2).

IX

JEAN DE LA GRANDIÈRE

Jean de la Grandière, seigneur de Montjouffray, de la Clairambaudière, de Foulles et de Lavau, épousa, en janvier 1468, JEANNE DREUX (3), fille de Jean Dreux et de dame Marie Roguette, dame de Louvartière.

en 1814, sous le nom de duc de la Rochefoucauld. Il se distingua par ses fondations phi-lanthropiques, et par ses études et ses travaux comme économiste. Il mourut en 1827, laissant trois enfants : François, l'aîné, duc d'Estissac depuis 1814, hérita du titre de duc de la Rochefoucauld et de la pairie, et devint le chef du nom et d'armes de la maison. C'est alors qu'au nom d'Estissac, dont le titre ducal passa à son fils aîné, le roi Charles X substitua, par lettres-patentes du mois d'avril 1828, le nom de Liancourt en conservant au nouveau duché l'ancienneté, l'hérédité et toutes les prérogatives dont il jouissait sous sa première dénomination. En 1839, la qualification de duc d'Estissac fut rétablie en faveur de la seconde branche formée par le frère cadet du duc de la Rochefoucauld, sans préjudice des droits et concessions contenus dans les lettres pa'entes de 1828.

Louis de la Rochefoucauld, fils puîné de François, prince de Marsillac, parrain du roi François Ier, forma la branche des marquis de Montendre et de Surgères qui se subdivisa en deux rameaux ; l'un est celui des comtes de Cousages auquel appartenait la marquise de la Moussaie ; l'autre est devenu ducal sous le nom de Doudeauville. Ce dernier était représenté par Alexandre-Nicolas marquis de Surgères, lieutenant général, qui mourut en 1760, après avoir fait toutes les campagnes d'Allemagne de 1730 à 1748. Son petit-fils, Ambroise-Polycarpe, grand d'Espagne, en 1780, par son mariage avec Benigne-Augustine Letellier de Louvois, prit alors le titre de duc de Doudeauville sous lequel il fut appelé à la pairie en 1814. Son fils est le représentant de la troisième branche.

Il existe encore deux autres branches, du nom de la Rochefoucauld-Bayers, qui se sont détachées de la souche vers 1330.

Les la Rochefoucauld portent : Burelé d'argent et d'azur de dix pièces, à trois che-vrons de gueules brochant sur le tout. Devise : C'est mon plaisir. (Voir pl. n° 9.)

(1) Ce Christophe de la Rochefoucauld était fils de Fouquet de la Rochefoucauld et de Marguerite de la Roche, seigneur et dame de Magni, près Montabellay.

(2) Elle était fille unique de Jean de Vallée, chevalier, et d'Isabeau de Brézé.

(3) Les Dreux, originaires du Poitou, étaient seigneurs de la Gastillonière, des Barres, du Bois-Baudry, de Nancré, marquis de Brézé en 1685, barons de Berrye, seigneurs du Port-Darlon, de la Gallissonière, du Loray, de Somloire, de Silly, de la Varenne et d'Oise-mont.

Ce Jean de la Grandière comparaît en brigandine à Baugé pour son père, le 27 septembre 1470, par-devant Jean de Lorraine, gouverneur et sénéchal d'Anjou. Déjà il avait comparu à Vendôme lors de la convocation de l'arrière-ban de la noblesse, en 1467.

Le 3 juillet 1483, il donna procuration en qualité d'héritier testamentaire de Denyse de Roguette (1), pour faire la foi et hommage et payer les rachats et autres droits.

Jeanne Dreux, sa veuve, donna procuration, le 15 juin 1489, pour rendre hommage simple qu'elle devait à l'abbaye de Marmoutiers, à raison de son fief de Foulles.

Leurs enfants furent :

1° Guillaume de la Grandière.

2° JEANNE DE LA GRANDIÈRE, qui épousa en premières noces, le 12 avril 1485, JEAN DE VENDOMOIS (2), seigneur de Perpace, de Poligni,

---

On y remarque : Jeanne, abbesse de Fontevraud en 1276 ; Pierre, témoin à une transaction passée à Loudun en 1406 ; René, lieutenant à Chinon en 1464 ; Simon, petit-fils de Pierre, épouse Perrine Coquereau, dont Méry, marié en 1533 à Charlotte de la Coussaye, dont : 1° Claude, auteur de la branche de Nancré, éteinte en 1883 ; 2° Thomas, secrétaire du Roi en 1594, auteur de la branche de Brézé et du Port-Darlon ; plusieurs conseillers aux Parlements de Paris et de Bretagne depuis 1635 ; cinq grands maîtres des cérémonies de France depuis 1670 ; quatre lieutenants généraux des armées du Roi depuis 1672 ; un membre admis aux honneurs de la cour en 1787 ; deux pairs de France depuis 1815 ; un évêque de Moulins en 1849.

Ils portent : D'azur au chevron d'or accompagné en chef de deux roses d'argent et en pointe d'un soleil d'or. (Voir pl. n° 9.)

(1) Le 9 février 1481, Denyse de Roguette, dame de Failles, de Lavau et de la Moiraye, veuve de messire Jean de la Gresille, chevalier, seigneur de la Tremblaye, tante de Jeanne Dreux, fonda par son testament deux chapelles : l'une régulière pour être desservie de trois messes par semaine, le dimanche, le mardi et le jeudi, dans l'église de l'abbaye de Saint-Maur-sur-Loire, à l'autel Saint-Eutrope devant lequel elle a été enterrée, et l'autre séculière pour être desservie dans l'église de Cornillé ; desquelles chapelles elle donna la nomination et la présentation à Jeanne Dreux, sa nièce, femme de Jean de la Grandière, et après le décès de cette Jeanne à son héritier principal qui, en 1675, était Gabriel de Launay, seigneur de la Motaye.

(2) Les Vendomois, originaires de Guienne, étaient seigneurs de Poligni et de Saint-Aubin. On y remarque : un chanoine de Rennes, abbé de Saint-Aubin-des-Bois en 1753 et de Saint-Meen en 1765. Cette maison avait une alliance directe avec la Maison de France.

Ils portaient : Coupé au premier d'or à trois fasces de gueules au deuxième d'hermines plein. (Voir pl. n° 10.)

de Champmaria et de Besse, et en secondes noces, en 1499, JEAN HUBERT (1), écuyer, fils de Jean Hubert, aussi écuyer, seigneur de la Galoisière, et de Jeanne de Loroux.

Une de ses filles, Jeanne de Vendomois, épousa, en 1520, Julien de Broc (2), seigneur de Broc, de Lézardière, des Perrais, etc.

X

GUILLAUME DE LA GRANDIÈRE

Guillaume de la Grandière, deuxième du nom de la branche de Montjouffray, seigneur de Montjouffray, de la Clairambaudière, de Foulles et de Lavau, épousa, le 18 avril 1521, MARIE DE SOUCELLES (3), fille de noble Anceau de Soucelles (4) et de Madeleine le Baïf, sœur de l'illustre Lazare le Baïf (5).

(1) Les Hubert, originaires d'Anjou, étaient seigneurs de Lasse, de la Rocheferdière, de la Martinière et de Crévant. On y remarque : sept conseillers au Parlement de Bretagne depuis 1582.

Ils portaient : D'azur à l'aigle éployée d'or à la fasce de gueules sur le tout chargée de trois roses aussi d'or. (Voir pl. n° 10.)

(2) La maison de Broc, originaire d'Anjou, existait dès le XIe siècle dans cette province et eut plusieurs de ses membres aux croisades.

Elle porte : De sable à la bande fuselée d'argent de sept pièces.

(3) On remarque dans cette famille : François, chevalier de Malte en 1526 ; Anceau et Marc, partisans protestants au XVIe siècle,

Ils portaient : De gueules à trois chevrons d'argent. (Voir pl. n° 9.)

(4) Cet Anceau de Soucelles était le père d'autre Anceau de Soucelles, si célèbre dans le parti des Huguenots et qui pour cela fut excepté, avec son frère et Marc Quérier, prévost d'Anjou, de l'amnistie que le roi Charles IX donna à la province d'Anjou à son avènement à la couronne.

Il est à remarquer que la terre de Soucelles, qui a donné le nom à cette maison, est dans la paroisse de Soucelles et qu'ainsi la famille, la terre et la paroisse s'appellent du même nom.

C'est une maison considérable de la province d'Anjou ; dans un titre de 1103 on trouve un Guy de Soucelles ; il est fait mention d'un Girard de Soucelles dans un testament de 1244.

(5) Ce Lazare le Baïf fut ambassadeur de François Ier à Venise et maître des requêtes.

C'est lui qui fit bâtir la chapelle de Montjouffray, qui est une des plus belles de l'Anjou, en maison de campagne ; il la dédia à sainte Catherine et y fonda, le 14 décembre 1543, deux messes par semaine, le vendredi et le samedi ; on y voit encore les armes de la famille.

Son contrat de mariage fut passé devant M⁰ Pelletier, notaire à Angers, en présence de Jean de Chemans, seigneur de Moulins, messire René le Baïf, seigneur de Baïf, et Adone le Baïf, prieur de Champagné.

Leurs enfants furent :

1° François de la Grandière.

2° JEANNE DE LA GRANDIÈRE, qui épousa, le 20 novembre 1544, FRANÇOIS DE LA CHAPELLE (1), écuyer, seigneur de la Coudre et de Turzay.

Il n'y eut pas d'enfants de ce mariage.

XI

FRANÇOIS DE LA GRANDIÈRE

François de la Grandière, seigneur de Montjouffray et de la Saulaye, prit alliance, le 29 avril 1544, avec demoiselle MARGUERITE DE SARCÉ (2), fille de noble René de Sarcé, seigneur de Sarcé, et de demoiselle Catherine de Periers.

Le contrat de mariage fut passé au château du Verger, en Anjou, devant M⁰ Jacquet, notaire à Mathefelon, en présence d'Ambroise de Maillé, dame du Bouchet et de Jean de Sarcé.

Elle était également sœur de Marthe le Baïf, dame de Chemans. Cette maison est une des maisons considérables de la province d'Anjou.

Ils portaient : De gueules à deux lions léopardés d'argent au chef de même.

(1) Les de la Chapelle, seigneurs de la Coudre, portaient : D'or à la croix et à la bordure de gueules. Devise : En bon espoir. (Voir pl. n° 10.)

(2) Les de Sarcé étaient seigneurs de Millé, d'Issé, de Bocé, de la Girandière. On y remarque Pierre de Sarcé, chevalier de Saint-Louis en 1789.

Ils portaient : D'or à la bande de sept fusées de sinople. (Voir pl. n° 9.)

la Rochefoucauld

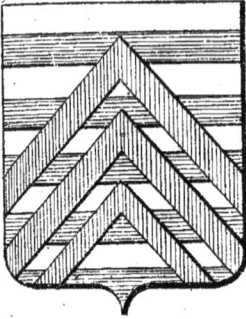

de Dreux

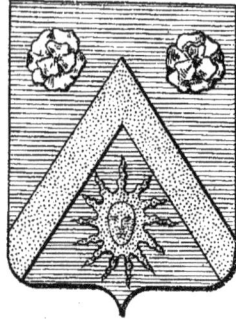

de Soucelles

de Sarcé

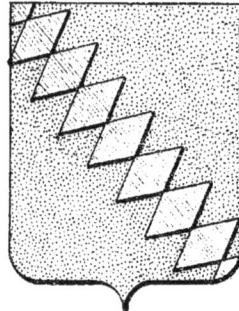

de Berruier

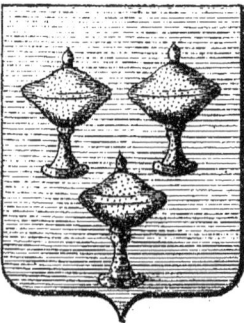

de Ferré

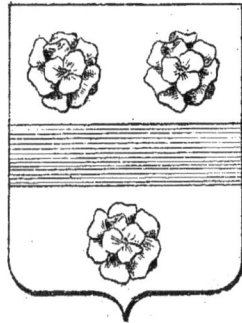

Le 11 novembre 1574, ils figurent dans un acte de partage pour la succession de leur tante Marthe le Baïf.

Leurs enfants furent :

1° FRANÇOIS DE LA GRANDIÈRE, chevalier, seigneur de la Saulaye, qui fut tué en duel par le seigneur de la Boudaisière, alors qu'il était fiancé avec la sœur de M. de Rueil, seigneur de Fontaine.

2° Gabriel de la Grandière.

2° CATHERINE DE LA GRANDIÈRE, qui épousa en premières noces X..... DE COULAINES, seigneur DE GARGUESALLES (1), près Chinon, et n'eut pas d'enfants de ce mariage.

Elle épousa, en secondes noces, PHILIPPE DE VALORY (2), chevalier, seigneur d'Estilly, près Chinon, fils de messire Jean de Valory (3),

----

(1) Les Garguesalles portaient : D'azur au chevron d'or accompagné de trois coquilles de même, posées deux en chef et une en pointe, au chef d'or. (Voir pl. n° 10.)

(2) Ils eurent pour fils François de Valory qui épousa Marguerite de Villeneuve, veuve de Pierre de Lourmes, dont entre autres enfants, Charles, qui épousa en premières noces Madeleine du Sélier, et en deuxièmes noces Élisabeth de la Rochefoucault, auteur de la branche cadette dite de Valory-Rustichelli, marquis d'Estilly, encore subsistante.

(3) La maison de Valory, une des plus anciennes et des plus illustres d'Italie, est originaire de Rome. Dans les temps les plus reculés elle se transporta à Fiesole, petite ville romaine, près de Florence, et elle y régna pendant les IXe, Xe et XIe siècles, jusqu'en 1038, époque à laquelle l'empereur Conrad confisqua ses biens et lui enleva ses droits de souveraineté. C'est ce qu'établissent les traditions domestiques, les récits des principaux historiens du pays et c'est ce que reconnaissent officiellement les lettres patentes données à Louis-Marie-Antoine de Valory, des princes de Rustichelli, le 12 février 1786, par le grand-duc de Toscane.

Depuis son établissement en France, à la suite du roi René, comte de Provence, elle a donné des gouverneurs de provinces, des ambassadeurs, des capitaines des gardes du corps, [des lieutenants généraux, grands-croix de Saint-Louis, des maréchaux de camp, des gentishommes de la chambre du Roi, quatorze chevaliers de Malte et vingt-deux chevaliers de Saint-Louis.

François, Florent, comte de Valory, maréchal de camp, et cordon rouge, mort à Toul, le 17 juillet 1822, était beau-père du marquis de Rosnay, et avait accompagné Louis XVI lors du voyage de Varennes ; Louis, Guy, Henri, marquis de Valory, a son nom inscrit sur l'arc-de-triomphe de l'Étoile. Parmi les lieutenants généraux, l'un, Charles-Antoine, défendait la citadelle de Lille, en 1708, contre le prince Eugène ; un autre, Charles-Guy, commandait en chef le génie militaire à la bataille de Denain, en 1713, et assistait à plus de cinquante sièges ; un troisième, Guy-Henry, à la tête de la cavalerie prussienne décidait, en 1745, du gain de la journée de Hohen-Friedberg, décisive de la fortune du grand Frédéric.

chevalier, seigneur d'Estilly, et de Renée de Champagné (1).

4° CHARLOTTE DE LA GRANDIÈRE, dame de Mons en Loudunois, épousa, en premières noces, CHARLES PINARD (2), seigneur des Roches-Marson, et n'eut point d'enfants de ce mariage. Elle épousa en secondes noces, le 3 septembre 1576, RENÉ FRÉZEAU DE LA FRÉZELIÈRE (3), écuyer, seigneur de la Gannetière, des Rochettes, d'Azay et de Balou.

La terre de Mons fut érigée en marquisat par lettres patentes du mois de novembre 1655 en faveur de leur petit-fils François Frézeau, fils de Jacques Frézeau et de Marguerite de Montmorency, lieutenant général des armées du Roi, dont les descendants portent le titre de marquis de la Frézelière.

La filiation de la maison de Valory, produite devant le Tribunal de la Seine, par la branche cadette en 1855, pour obtenir le rétablissement du nom de Rustichelli dans les actes de l'état-civil, remonte à Rustichelli, prince de Fiesole, palatin de Toscane, l'aïeul de Roviou-Rustichelli qui fut dépouillé en 1038 de sa souveraineté par l'empereur Conrad.

La branche établie en France descend de Gabriel qui s'attacha au service de Louis de France, duc d'Anjou et roi de Naples. Son fils Barthélemy vint en France avec Yolande d'Aragon et en 1417 il fut nommé gouverneur de la ville et du château d'Angers où il mourut.

Les Valory de France furent seigneurs de Cussé, de Tilly, de Lecé, de Marignanne de Fontaine-Couverte, d'Estilly, de la Pommeraie et de la Motte.

Ils portent : D'or à un laurier arraché de sinople et au chef de gueules. Devise : *Aquilæ valori laurus.* (Voir pl. n° 10.)

(1) Dans cette famille on remarque : Juhel, croisé en 1190 ; Gohier, croisé en 1248 ; Alain, tué au siège de Carthage en 1390 ; deux connétables de Rennes en 1536 et 1573.

Elle porte : D'hermines au chef de gueules.

(2) Les Pinart, originaires de Bretagne, étaient seigneurs de Cadoualan, de la Noëverte, de Lizandré, du Val-Pinart, de Keruscar, de Kerdrain, de Lostermen, du Faouennec, du Fresne, de Kérambellec, de Kersylvestre et de l'Etoile.

On y remarque : Rolland, seigneur de Kerbréhaut, qui fait une fondation à l'abbaye de Roquen en 1279 ; Rolland, fils d'Eon, vivant en 1427, épouse Valence Gicquel ; Hervé, conseiller et maître des requêtes du duc, en 1418 ; Rolland, conseiller aux Grands-Jours, en 1513, puis au Parlement sédentaire en 1534, démissionnaire la même année en faveur de son frère Jean ; un gouverneur du château du Taureau en 1590 ; un chevalier de Malte en 1635 ; deux chevaliers de l'ordre en 1619 et 1663 ; une fille à Saint-Cyr en 1697 ; un page du Roi en 1715.

Ils portaient : Fascé ondé de six pièces d'or et d'azur au chef de gueules chargé d'une pomme de pin d'or. (Voir pl. n° 10.)

(2) Il fut le grand-père du marquis de la Frézelière, lieutenant général d'artillerie.

Les Frézeau furent seigneurs de la Frézelière, de Miré, de Mons, de la Gannetière, de

4° RENÉE DE LA GRANDIÈRE, qui épousa MATHURIN DE GENNES (1), seigneur de Charron et de Launay de Gennes, fils de Jean de Gennes, seigneur de Launay, et de Jacqueline des Aubes.

XII

GABRIEL DE LA GRANDIÈRE

Gabriel de la Grandière, seigneur de la Saulaye, de Montjouffroy et de Courvalain, s'allia, le 25 août 1586, avec MARIE DE BERRUYER (2), des Berruyer de Touraine, fille de Pierre de Berruyer, seigneur de Tuffarel et de Courvalain, et de Françoise de la Vauve.

Leurs enfants furent :

1° René de la Grandière.

2° CHARLES DE LA GRANDIÈRE, seigneur de la Saulaye, fut capitaine dans le régiment de du Plessis-Juigné et fut tué au combat de Veillanes en Piémont, le 10 juillet 1630. Il n'était pas marié.

3° JEAN DE LA GRANDIÈRE, bénéficier.

4° LOUISE DE LA GRANDIÈRE, qui épousa, le 28 septembre 1615,

la Roche-Thibault, de la Rouaudière, de la Poitevinière, de Taffoneau, de Giseux, de Lublé, d'Avrillé, de Lathan, de Saché.

On trouve un Jean de la Frézelière chevalier de Malte en 1666.

Ils portaient : Beurelé d'argent et de gueules de dix pièces à un cotice d'or brochant sur le tout. (Voir pl. n° 10.)

(1) Les de Gennes d'Anjou étaient seigneurs de Launay-Baffer, de la Guespière, de Charron, de la Roullerie, de Denze et de Vaufoulier.

On y remarque : Jean, ligueur ; Ambroise et François, chevaliers de Malte en 1579 et 1660.

Ils portaient : D'hermines à la fasce de gueules. (Voir pl. n° 10.)

(2) Elle était petite-fille de Jean Berruyer et de Suzanne de Conigan de la maison de Caugé, en Touraine. Martin Berruyer, évêque du Mans, mort en 1465, était de cette famille. Elle descendait de Lidoire de Berruyer, seigneur de Taffoneau, qui était échanson de René, duc d'Anjou. Cette famille était originaire de Normandie.

Elle portait : D'azur à trois coupes couvertes d'or, posées 2 et 1. Devise : *Meliora sequentur*. (Voir pl. n° 9.)

messire GABRIEL DE LAUNAY (1), chevalier, seigneur de la Motaye, paroisse de Brion.

5° AMBROISE DE LA GRANDIÈRE, qui prit alliance avec LOUIS DE L'ÉTOILE (2), seigneur de Bouillé-Saint-Paul en Poitou.

6° FRANÇOISE DE LA GRANDIÈRE, qui épousa LOUIS DE L'ÉTOILE (3), son propre neveu. Il n'y eut point d'enfants de ce mariage.

XIII

RENÉ DE LA GRANDIÈRE

René de la Grandière, seigneur de Montjouffroy et de la Saulaie, épousa,

---

(1) La maison de Launay, originaire du Maine, est une des plus anciennes de cette province. Ses membres firent en différentes occasions leurs preuves de noblesse et furent maintenus dans leur noblesse d'ancienne extraction à l'intendance de Tours.

Les de Launay furent seigneurs de la Mottaye, de la Louverie, de la Gaultraye, de Pontgirauld, de Cumeray, d'Onglie, de la Balluère, de Chenairu, de Lorière, des Landes, de la Bouchonière, de Longmortier, de Chavigny et du Mesnil.

On y remarque : Guillaume, abbé du Perray-Neuf, au diocèse d'Angers, en 1497 ; Jean, seigneur d'Onglie, chevalier de Saint-Michel sous les rois Charles IX et Henri III, père de Pierre, lieutenant du maréchal de Lavardin à la bataille d'Ivry en 1590, marié à Urbane de la Haye, dame des Granges, de Jarzé et du Fouillac ; Marie, grande-prieure de Fontevrault en 1693.

Ils portaient : D'or à un aulne arraché de sinople, accosté de deux aiglons affrontés de sable membrés et becqués de gueules. Devise : Pour Dieu et l'honneur. (Voir pl. n° 10.)

(2) Cette famille de l'Etoile était d'une maison noble de Picardie, du village de Gournay, près Abbeville.

Ils furent seigneurs de Bouillé Saint-Paul, de la Grange, des Roches, de l'Eschasserie, de Taffaiteries, de Beauregard, d'Ardancourt et de Volaupuit.

Eon, célèbre sectaire, condamné par le concile de Reims à la prison perpétuelle, où il mourut en 1148, était de cette famille.

Ils portaient autrefois :

D'azur au lion léopardé d'argent surmonté de trois étoiles rangées en chef de même. (Voir pl. n° 10.)

Les de l'Etoile portent actuellement :

D'azur à la croix d'or accompagnée aux trois premiers quartiers d'une étoile d'or et au quatrième d'un croissant d'or. (Voir pl. n° 10.)

(3) Voyez la note ci-dessus.

Vendomois

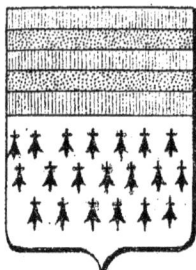

Hubert

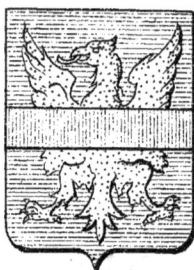

la Chapelle

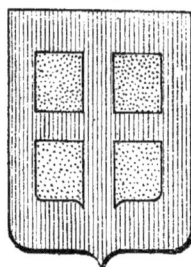

Garguesalles

Valory

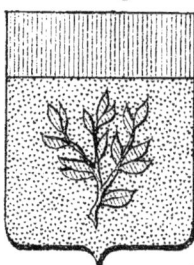

Pinart

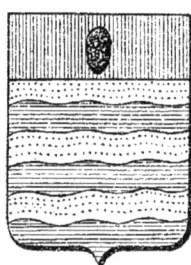

Frezeau

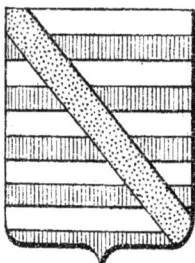

Gennes

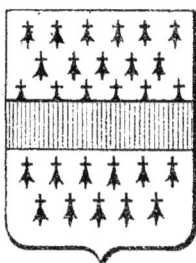

de Launay

de l'Etoile

de l'Etoile

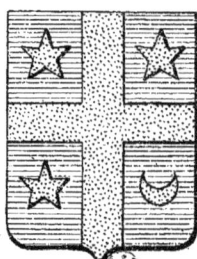

de Bourjoly

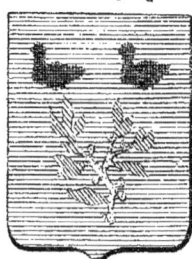

le 16 juin 1611, URBANE FERRÉ (1), fille de René Ferré, seigneur des Coutures, gentilhomme d'honneur de la Reine, et de Nicolle de Maillé, fille de haut et puissant Charles de Maillé (2), seigneur de l'Islette, et de Anne d'Hommes (3).

(1) Les Ferré furent seigneurs des Coutures, de la Garaie, de Villesblanc, de Plumaugat et de Launay-Quinart.

On y remarque : Jacques, secrétaire du duc de Bretagne, en 1420; Pierre, sénéchal de Rennes, en 1468, marié à Olive d'Augoulvent ; deux conseillers au Parlement de Bretagne en 1689 et 1723

Cette famille est éteinte depuis 1770.

Une autre famille du même nom, originaire du Poitou, existe encore actuellement, mais ne porte pas les mêmes armes.

Les Ferré portaient : D'argent à la fasce d'azur accompagnée de trois roses de gueules, deux en chef et une en pointe. (Voir pl. n° 9.) On substitue quelquefois trois molettes d'azur aux trois roses de gueules.

(2) La terre de Maillé qui formait, au x° siècle, le principal apanage de la maison de ce nom, avait pour chef-lieu la ville de Maillé, dont le château, situé à une petite distance de la rive droite de la Loire, deux lieues au-dessous de Tours, défendait le passage du fleuve. Cette terre et celle de Preuilly, les deux premières baronnies de Touraine, donnaient à leurs possesseurs, entre autres privilèges, celui de présider les Etats et de porter la bannière des comtes de Tours. La ville et ancienne baronnie de Maillé a été érigée en duché-pairie sous le nom de Luynes, au mois d'août 1619, en faveur de Charles d'Albert, connétable de France, qui l'avait achetée.

La maison de Maillé, dont les premiers auteurs sont qualifiés de princes et suzerains du château et du territoire de Maillé, dans les chartes du xi° siècle, réunit depuis plusieurs siècles tous les caractères de grandeur et d'illustration qui distinguent les familles les plus considérables. C'est même là sans doute une des raisons qui ont fait négliger aux généalogistes et aux historiens de la maison de Maillé le soin de recueillir les faits antérieurs au xiii° siècle et conservés dans les cartulaires et les vieilles chroniques qui constatent la haute existence des premiers sires de Maillé et font connaître leur intervention dans les guerres et les traités des comtes d'Anjou, leur munificence envers les établissements religieux de la Touraine et des provinces limitrophes, leurs exploits dans les premières croisades. Les annales de l'ordre du Temple et les archives de l'abbaye de Marmoutiers, dont les barons de Maillé étaient protecteurs, sont riches en documents de ce genre.

La généalogie de cette maison est établie depuis Gaubert, sire de Maillé, qui, en 1035, fit de grandes libéralités à l'abbaye de Marmoutiers.

Les de Maillé furent seigneurs de la Tour-Landry, de Cormau, marquis de Jalesne et de Brézé, seigneurs de l'Echasserie, de l'Islette, de Coeme, du Plessis-Raffray, comtes de Seig-Ploué, seigneurs de la Marche, barons de la Forest, seigneurs de Boisbouessel, de la Guéritende, de Latan, de la Roche-Bourdeuil, de Crévant, de Benehart, de Ruillé, d'Entrammes, ducs de Fronsac, de Caumont, seigneurs de Lalen, de Boujoux, du Fresne, de Gilbourg, de Fougeray, de la Floclière, de Chahaignes, de Milly-le-Meugon, de Gavelle, de Beaufort-en-Vallée, de Champchevrier, de la Guerche, de Faye-la-Vineuse, de Villeromain, de Rochecorbon, de la Haie, de St-Georges-du-Bois, de la Jaille et de la Chetardière.

On y remarque : Gilduin, nommé dans une donation à l'abbaye de Marmoutiers en 1037, épouse Agnès de Vendôme; Foulques, croisé en 1096; Gilbert, archevêque de Tours en 1128 ; Jacquelin, chevalier du Temple en 1177 ; Hardouin, croisé en 1248 ; Simon, archevêque de Tours en 1354, abbé du Louroux en 1574, mort en 1597; Simonne, abbesse du Ronceray en 1589, succédant à Yvonne, sa tante ; Urbain, chevalier des Ordres, gouverneur du Saumurois en 1626, gouverneur d'Anjou en 1636, maréchal de France, mort en 1650; Yvonne, sœur de Simonne, abbesse du Ronceray en 1642; Claire-Clémence, mariée en 1641 à Louis de Bourbon, prince de Condé, dit le grand Condé, d'où descendaient les princes de ce nom ; Armand, grand maître de la navigation, tué en mer d'un coup de canon en 1646; un évêque de Gap en 1778, transféré à Saint-Papeul en 1782 et à Reims en 1802, mort en 1804; un lieutenant général et un maréchal de camp en 1784; Charles, chevalier de St-Louis en 1789, et de St-Lazare, conseiller général de Maine-et-Loire en l'an VIII (1800); un maréchal de camp en 1814, pair de France, mort en 1837.

Ils portent : D'or à trois fasces ondées et nébulées de gueules. — Devise : Stetit unda fluens.

(3) Cette famille portait : De gueules à une bande d'argent.

8

De ce mariage sont issus neuf enfants, six garçons et trois filles, dont les seuls dont on retrouve les traces sont :

1° GABRIEL DE LA GRANDIÈRE, l'aîné, qui fut tué, en 1632, au siège d'Angers, au lieu appelé La Pointe.

2° FRANÇOIS DE LA GRANDIÈRE, religieux de l'abbaye de Saint-Maur-sur-Loire et qui vivait encore en 1698.

3° RENÉ DE LA GRANDIÈRE, qui est nommé comme relevant de la châtellenie d'Avrillé dans un dénombrement fourni en 1664.

4° FRANÇOISE DE LA GRANDIÈRE, religieuse de l'abbaye du Ronceray d'Angers. Elle vivait encore en 1698.

Après la mort d'Urbane Ferré, René de la Grandière, seigneur de Montjouffroy, se remaria avec demoiselle LAURANS DE BOURJOLY (1), de la famille de René Laurans, seigneur de Pontfou, maître des eaux et forêts et échevin perpétuel de la ville d'Angers en 1569. Il n'y eut pas d'enfants de ce mariage.

René de la Grandière mourut au château de Montjouffroy le 1er mai 1672 et fut inhumé dans l'église paroissiale.

La terre et le château de Montjouffroy passèrent alors par acquisition dans la famille de Contades (février 1676), dans laquelle elle est encore.

Après la mort de René de la Grandière, sa veuve se remaria à Louis de Cheverue, écuyer, fils de Pierre de Cheverne, seigneur de Chemans, et de Charlotte Cochelin de la Coutardière.

A partir de la fin du xviie siècle, on ne retrouve plus trace de la branche des de la Grandière de Montjouffroy, qui paraît s'être éteinte à cette époque, malgré le grand nombre d'enfants de René de la Grandière.

(1) Ils étaient seigneurs de Bourjoly et de Pontfou.
Ils portaient : D'azur au laurier arraché de sinople, tigé et branché d'or, accompagné de deux merlettes de sable. (Voir pl. n° 10.)

NOTA

Bourdigné, dans sa *Chronique d'Anjou*, feuillet 137, sous Louis III, roi de Sicile et duc d'Anjou, en 1422, fait mention d'un de la Grandière qui était au nombre des seigneurs de l'Anjou et du Maine qui vinrent au secours du comte d'Aumale assemblant son armée.

Dans le *Calendrier de l'Abbaye du Ronceray*, page 18, il est aussi parlé d'une Gilette de la Grandière ; on ne sait point qui était cette Gilette, pas plus qu'une Marguerite de la Grandière, qu'on trouve religieuse de l'abbaye des Clairets en 1574.

VIRTVTE ET VNGVIBVS POTENS

BRANCHE CADETTE

DE NORMANDIE

Ayant formé les branches dites de Bordeaux, de Bretagne et de Vendée, les seules existantes depuis 1888, époque de l'extinction de la branche aînée.

––––––––

NOTA. — La scission avec la branche aînée a eu lieu en 1384. (Voir p. 29.)

BRANCHE

DITE DE NORMANDIE

XIII

JEAN DE LA GRANDIÈRE

Jean de la Grandière, seigneur du Bois-Gauthier, de Mercey en Touraine, de Grimonval et de la Brosse, fils de haut et puissant seigneur Jean de la Grandière et de Luce de la Garenne (1), est né à Vernon.

Par contrat du 30 janvier 1616, passé à Vernon par Antoine Lagombaude, notaire, il épousa CATHERINE-FRANÇOISE LE MOINE (2), fille de feu noble François le Moine, écuyer, seigneur du Bois-Gauthier, conseiller du Roi, lieutenant civil et criminel des ville et vicomté de Vernon, et de Marie de Beauvais (3).

Il fut lieutenant pour le Roi au gouvernement des ville et château de Vernon.

(1) Voir page 29.
Les de la Garenne portaient : D'argent à deux chevrons rompus de sable, le premier à dextre et le deuxième à senestre, accompagnés de trois coquilles de gueules. (Voir pl. n° 5.)

(2) Cette famille est originaire de la Normandie.
Elle portait : D'azur à trois besans d'or deux et un. (Voir pl. n° 12.)

(3) Ils étaient seigneurs de Beauvais, de la Chesnaye, de la Haye, de la Villeblanche, et de la Guillardière.
On y remarque : Mathieu, écuyer de Normand de Québriac, maréchal de Bretagne en 1235 ; Jean qui épouse, vers 1531, Olive Mahé.
Ils portaient : D'argent au lion de gueules, lampassé d'or, au chef de sable.

Il acquit la terre seigneuriale et le fief de Grimonval, en Normandie, de la famille le Gorgelier, pour le prix de douze mille cinq cents livres, par acte du 15 mai 1620, passé devant Antoine Lagombaude, notaire à Vernon.

Leurs enfants furent :

1° Charles de la Grandière.

2° JEAN DE LA GRANDIÈRE, qui épousa SUZANNE DU BELLOY (1), fille de X..... du Belloy, seigneur de Frezencourt, près Gisors.

Il mourut à Cévières, près les Andelys, le 26 août 1668.

Leurs enfant furent :

A. — LOUIS DE LA GRANDIÈRE, sous-brigadier des gardes du corps. Il épousa demoiselle de BOSFRANC, fille de X..... de Bosfranc, seigneur de Tilly (2). Il vivait en 1713. Il n'y eut point d'enfants de ce mariage.

B. — X..... DE LA GRANDIÈRE, qui fut religieuse à Lihons, près Gisors.

(1) Les seigneurs de ce nom qui ont possédé la terre du Bellay se sont toujours distingués par leurs services militaires dans toutes les guerres de nos rois. On trouve parmi eux des chambellans de nos rois, des gentilshommes ordinaires de leur chambre, des chevaliers de l'ordre de Saint-Michel, des panetiers, des échansons, écuyers tranchants et maîtres d'hôtel, des capitaines, gouverneurs et commandeurs de différentes villes et places, des officiers de terre et de mer ; deux généraux en chef d'armée sous les rois Charles VII et Louis XI, l'un tué à la bataille de Verneuil en 1424, et l'autre qui était à la bataille de Gnengate en 1479 ; des chevaliers de Malte, des chevaliers de l'ordre militaire de Saint-Louis, etc...

Cette maison s'allia aux meilleures familles de France. Elle tenait un rang très distingué dès le règne de Philippe-Auguste. Un de ses membres fut du nombre des seigneurs qui jurèrent et signèrent la trêve que ce prince conclut avec le roi d'Angleterre après la bataille de Bouvines en 1214 ; un autre fut capitaine et commandant de la ville d'Amiens et nommé comme un des conservateurs, en Picardie et en Ponthieu, de la trêve conclue à Rouen entre le roi Charles VI et le roi d'Angleterre, le 24 décembre 1419.

Ils portaient : D'argent à trois fasces de gueules. (Voir pl. n° 12.)

(2) Les seigneurs de Tilly, originaires de Normandie, étaient d'une très ancienne et illustre famille.

Ils portaient : D'or à la fleur de lys de gueules. Devise : *Nostro sanguine tinctum.* (Voir pl. n° 12)

le Moine

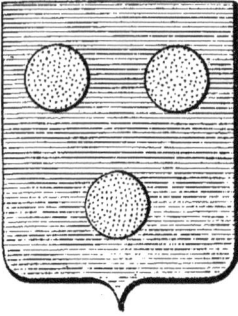

du Belloy

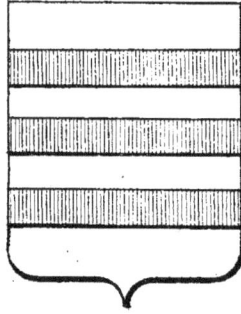

de Bosfranc

de Guillonneau

Joubert

de Gramont

XIV

CHARLES DE LA GRANDIÈRE

Chevalier, seigneur du Bois-Gauthier, de Grimonval, de la Brosse et de Mercey, épousa, le 20 janvier 1655, CÉCILE DE GUILLONNEAU (1), fille de feu noble François de Guillonneau, conseiller du Roi, garde héréditaire de la Monnaie de Paris, et de Marie-Madeleine de Bourgoing (2). Le contrat de mariage fut passé devant Lestoré, notaire au Châtelet de Paris. Il fut maintenu dans sa noblesse par M. de Chamillart, intendant de Rouen, le 6 décembre 1666.

Il mourut à Cévières, près les Andelys, le 1er février 1718.

Leurs enfants furent :

1° JEAN DE LA GRANDIÈRE, écuyer, seigneur du Bois-Gauthier et de Grimonval, lieutenant pour le Roi du château de Vernon.

Il fit enregistrer ses armoiries en 1698 à l'armorial général de France (Rouen, folio 412).

Il épousa en premières noces MARIE JOUBERT (3), et en secondes noces CATHERINE RIVET.

Il vivait encore en 1713 et mourut sans postérité.

---

(1) Les Guillonneau portaient : D'argent à trois merlettes de sable, au chef de gueules, chargé de trois étoiles d'argent. (Voir pl. n° 12.)

(2) La famille de Bourgoing, originaire du Nivernais, est très ancienne dans cette province où son nom figure dans le xve siècle et où elle a laissé les plus honorables souvenirs dans la carrière des lettres et de la magistrature. Elle possédait les seigneuries de Séchamps, du Vernay, d'Agnou, de Poissons, etc... Claude-Françoise Bourgoing, fille de François Bourgoing, écuyer, seigneur de Séchamps et de Françoise Bernard, admise comme élève pensionnaire de la maison royale de Saint-Cyr, en 1692, prouva sa noblesse et sa filiation depuis Guillaume Bourgoing, seigneur des Poissons, qui avait épousé Marie Leclerc du Tremblai.

Ils portent : D'azur à la croix ancrée d'or.

(3) Les Joubert, de Normandie, étaient seigneurs de Beauvais.

Ils portaient : De gueules à trois tours d'or maçonnées de sable. (Voir pl. n° 12.)

2° CHARLES-JACQUES DE LA GRANDIÈRE, écuyer, seigneur de Grimonval, surintendant des parcs et châteaux du Roi, gentilhomme de la Lou-
veterie de France, marié avec l'agrément du Roi et de M. le Dauphin, par
contrat du 27 janvier 1704, reçu par Guillou de Fonteny, notaire et garde-
notes à Saint-Germain-en-Laye, avec MARIE-LOUISE DE GRAMONT, fille
de Jacques de Gramont (1), greffier en chef de la capitainerie des chasses de
Saint-Germain-en-Laye, et de Louise de Sermoise.

Il mourut à Versailles.

Leurs enfants furent :

A. — LOUIS DE LA GRANDIÈRE, né à Versailles le 3 octobre 1706,
filleul du Grand-Dauphin et de la princesse de Conty. Il fut page du Roi
en 1723.

B. — MARIE-LOUISE-CHARLOTTE DE LA GRANDIÈRE, née à Saint-
Germain-en-Laye le 14 janvier 1705, reçue dans la maison de Saint-Louis à
Saint-Cyr en 1712.

Elle épousa en premières noces X......, aide-de-camp du maréchal de
Saxe, et en secondes noces le marquis de l'Ouesmes.

Elle mourut sans postérité.

3° Hubert-Maximilien de la Grandière, qui continue la descendance.

4° HONORÉ-NICOLAS DE LA GRANDIÈRE, mort avant 1709.

5° MARIE-MADELEINE DE LA GRANDIÈRE, baptisée le 24 septembre 1767, à Cévières, diocèse de Rouen, reçue à Saint-Cyr en 1686.

---

(1) Cette maison, établie dans le Dauphiné depuis le milieu du xvᵉ siècle, a été titrée
marquis de Vachères par lettres patentes du mois de juin 1688, puis duc de Caderouse
par succession d'un cousin naturel décédé en 1767. Marie-Philippe-Guillaume de Gramont
qui fut appelé à recueillir cet héritage, eut pour fils André, marié en 1779 à Marie-
Gabrielle de Simty. De cette union était né Emmanuel de Gramont, duc de Caderouse,
maréchal de camp, chevalier de Saint-Louis et de la Légion d'honneur, décédé en 1841.
Par brevet du 20 décembre 1825, Charles X accorda à ce duc, à sa mère et à sa femme,
Armande de Vassé, les honneurs du Louvre pour en jouir comme les autres ducs et
duchesses de son royaume ; le roi voulant faire jouir cette famille considérable par sa
naissance et sa fortune des mêmes avantages dont elle jouissait dans l'ancien comtat
d'Avignon, aujourd'hui réuni à la France, un majorat de trente mille francs fut affecté au
titre de duc dont l'institution eut lieu par lettres patentes du 28 avril 1827.

Cette famille porte : D'or au lion d'azur armé et lampassé de gueules. (Voir pl.
n° 12.)

Elle fut religieuse bénédictine à Vernon.

6° MARGUERITE DE LA GRANDIÈRE, morte sans alliance.

7° SUZANNE DE LA GRANDIÈRE, morte sans alliance.

8° MADELEINE DE LA GRANDIÈRE, morte sans alliance.

9° CÉCILE DE LA GRANDIÈRE, morte à Saint-Cyr.

10° CATHERINE DE LA GRANDIÈRE, mariée, le 17 juin 1705, avec PIERRE LAUVERGNE, intendant des bâtiments du Roi.

NOTA

Cette branche, dite de Normandie, se continue par la branche dite de Bretagne avec Hubert-Maximilien, qui prit alliance en Bretagne et se fixa dans cette province. (Voyez ci-après.)

BRANCHE DE BRETAGNE

XV

HUBERT-MAXIMILIEN DE LA GRANDIÈRE

Hubert-Maximilien de la Grandière, troisième fils du précédent, devint, après la mort de ses frères, seigneur du Bois-Gauthier, de Grimonval et de Mercey. Il était né à Cévières, près Vernon, le 23 juillet 1672.

Il fut lieutenant de vaisseau, chevalier de l'ordre royal et militaire de Saint-Louis. C'est lui qui commence la série des illustres marins qu'a produits la famille des de la Grandière.

Il épousa à Brest, le 24 mai 1712, FRANÇOISE-OLIVE LE PICART DE NOREZ D'ESTELAN (1), fille de Noël-Augustin le Picart de Norez, seigneur d'Estelan, écuyer, lieutenant de vaisseau, et de Jeanne de Mathézou (2).

Appelé par sa carrière et son mariage en Bretagne, il s'y fixa et fut le fondateur de la branche dite de Bretagne.

Leurs enfants furent :

1° HUBERT DE LA GRANDIÈRE, mort sur le vaisseau l'*Atlas* en 1741,

---

(1) Cette famille, originaire de Bretagne, paraît s'être fondue dans la famille d'Esquelot. Elle portait : De gueules à trois pieux ou fers de lance d'or. (Voir pl. n° 13.)

(2) Les Mathézou étaient originaires de Bretagne. Ils étaient seigneurs de Kerganan Kerbuoc'h, Kereval, Cosquer et Keruznou.

On y remarque : Macé, compris dans le testament d'Hervé de Léon en 1363 : Christophe, vivant en 1426, épouse Marie Sylvestre ; Macé, auditeur des comptes en 1458 ; une fille à Saint-Cyr en 1753. Cette famille est éteinte.

Elle portait : D'argent à la bande de sable chargée de trois étoiles d'argent.

étant garde-marine. Il avait été embarqué, en 1734, à l'âge de dix-sept ans, et avait fait les expéditions de la Baltique et de la Louisiane.

2° CLAUDE-JEAN DE LA GRANDIÈRE. mort en mer à Léoganne (Saint-Domingue), en 1744, à bord du *Caribou*.

3° Charles-Marie de la Grandière.

4° URSULE DE LA GRANDIÈRE, née à Brest le 8 novembre 1730, élève de la maison royale de Saint-Cyr en 1739, morte chanoinesse à Reims.

5° URBANNE-CLAUDE DE LA GRANDIÈRE, née à Brest le 6 août 1736, morte carmélite à Morlaix le 18 mars 1820 ; elle était entrée au Carmel en 1768. Elle était donc restée carmélite cinquante-deux ans (1).

(1) *Extrait des Annales manuscrites du Carmel de Morlaix.* — Mademoiselle Urbanne-Claude de la Grandière, fille de messire Hubert-Maximilien de la Grandière, lieutenant de vaisseau du roi, et de Mme Olive le Picart, naquit à Brest, le 6 août 1736 et fut baptisée le même jour. — En 1768, elle entra au Carmel sous le nom de Urbanne-Claude de Sainte Marie-Madeleine. — Le 11 août de la même année elle reçut le saint habit et fit profession le 11 septembre 1769. — Notre très honorée sœur a passé cinquante-deux ans au Carmel, elle y mourut le 18 mars 1820, âgée de quatre-vingt-quatre ans et quatre mois. — En 1791, sous le règne de la Terreur, lorsque les officiers municipaux eurent l'audace de se réunir au parloir de nos vénérées mères, afin de présider à de nouvelles élections, pour s'assurer de la liberté des Capitulantes dans le choix de leur Révérende Mère Prieure, de la Mère Sous-Prieure et de la Dépositaire, notre très honorée sœur Marie-Madeleine remplissait cette dernière charge. Elle y fut maintenue par les suffrages de la communauté jusqu'à la dispersion de notre Carmel en septembre 1792. Elle se retira alors chez Mme de Vannoise, aïeule de Mlle de Quélen, insigne bienfaitrice de notre Carmel. Elle était accompagnée d'une sœur ancienne et de notre sœur Saint-Jérôme, du voile blanc, morte en 1851, âgée de quatre-vingt-quinze ans. Cependant leur retraite n'était pas inconnue des commissaires de la révolution, et dans le courant de 1794, ils vinrent leur demander de prêter serment. Sur leur refus elles furent incarcérées avec nos autres mères. Peu après leurs noms furent portés sur la liste des condamnés à l'échafaud. Elles s'y préparaient ensemble par les prières de l'extrême-onction et des agonisants, s'encourageant les unes les autres pour se rendre dignes de la couronne du martyr, lorsque, au mois de septembre de la même année, la mort de Robespierre vint leur rendre la liberté.

Notre très honorée sœur Marie-Madeleine revint chez Mme de Vannoise avec ses compagnes. Elles y restèrent jusqu'à l'époque où nos Mères purent enfin se réunir définitivement et rentrer après vingt-quatre ans d'absence dans leur béni Carmel, le 25 juillet 1816.

XVI

CHARLES-MARIE COMTE DE LA GRANDIÈRE

Charles-Marie comte de la Grandière (1), seigneur du Bois-Gauthier, est né à Brest le 17 février 1729. Il était grand cordon de Saint-Louis, chevalier de Cincinnatus, brigadier des armées navales en 1781, chef d'escadre en 1784, contre-amiral en 1792 et gouverneur de la marine à Brest.

Il s'était distingué en maintes circonstances, notamment à l'entrée de la Chesapeak où l'escadre française lutta contre celle bien supérieure en nombre des Anglais.

Ses brillants services lui valurent le titre de comte.

Il mourut à Rennes le 12 mars 1812 (2).

(1) *Biographie des marins français*, par Levot. — La Grandière (Charles-Marie, comte de), né à Brest le 17 février 1729, entra comme volontaire dans la marine à l'âge de douze ans et, lorsqu'il parvint au grade de chef d'escadre, il comptait quarante-trois ans de services effectifs, dont vingt-huit à la mer. Il avait commandé deux frégates et quatre vaisseaux. Dans cette longue carrière, il avait assisté à onze combats, dont sept en qualité de commandant; les principaux furent ceux des 16 mars, 9 et 12 avril 1781 sur les vaisseaux l'*Indien* et le *Conquérant*. A celui du 16 mars, le *Conquérant* fut celui des huit vaisseaux du chevalier de la Touche qui souffrit le plus, parce qu'après avoir combattu l'avant-garde anglaise, il eut à supporter le feu du corps de bataille des ennemis. Quoique écrasé dans cette lutte où il eut la tête de son gouvernail percé de deux boulets, son grand mât et son mât de misaine également percés dans leurs centres, le *Conquérant* se défendit si bien qu'il ne tomba pas au pouvoir des Anglais. Les Américains, lors de l'arrivée à New-Yorck du commandant de la Grandière, le comblèrent de félicitations et en signe de gratitude le nommèrent plus tard membre de l'Association de Cincinnatus. Promu grand'croix de l'ordre de Saint-Louis, en 1785, il exerça les fonctions de commandant de la marine à Brest en 1792, et mourut à Rennes le 22 mars 1812.

(2) *Extrait du Journal de Rennes*, le 23 mars 1812. — Charles-Marie de la Grandière, ancien chef d'escadre des armées navales, cordon rouge de Saint-Louis, compagnon de Cincinnatus d'Amérique, né à Brest le 17 février 1729, vient de terminer à Rennes sa longue et honorable carrière. Il avait servi son pays avec zèle et distinction pendant soixante-quatre ans et honoré cette longue carrière par plusieurs actions où il s'était acquis la réputation d'un héros chrétien.

Une extrême dévotion et un véritable courage sans ostentation furent les principaux traits de son caractère; où d'autres courent pour l'amour de la gloire, lui ne semblait

Il s'était marié à Morlaix, le 4 février 1760, à FRANÇOISE-PAULE-HYACINTHE LE MINIHY DU REFUGE (1) fille de noble homme François le Minihy du Refuge ancien maire et lieutenant général de police de la ville de Morlaix et de dame Jeanne Kerrien dame du Rumen (2).

guidé que par l'habitude du devoir. Simple, modeste, dans le cours de sa vie on ne le distingua que dans les moments de danger. Toujours le premier et le dernier au feu, c'est lui qui, dans la guerre d'Amérique, faisait dire de son bâtiment, le plus lourd de l'escadre : ce vaisseau ne marche bien qu'au jour de combat.

Modèle de toutes les vertus, il demeure l'objet de la tendre vénération et des regrets sincères de tous ceux qui l'ont connu.

ÉPITAPHE

Bon père, tendre époux, général intrépide
L'honneur et la vertu lui servirent de guide.

(1) Les du Refuge, en breton du Minihy, furent seigneurs dudit lieu, de Garzjahan, de Kernayret, barons de Coesmes, seigneurs du Plessis, de Priey-sur-Marne, de Gallardon et de Courcelles.

On y remarque : Hervé, seigneur de Kernayret, épouse vers 1358 Agace, dont : 1° Hély, qui a continué la filiation ; 2° Amice, mariée en 1388 à Hervé de Penancoët ; Alain épouse en 1380 Théphaïne du Chastel, dont Hervé, qui fit un accord avec Prigent de Coëtivy en 1419 ; Raoul, chambellan et garde des sceaux du Dauphin (depuis Louis XI) en 1449 ; Pierre, gouverneur des finances de Charles, duc d'Orléans et de Milan en 1463 ; Renaud, premier écuyer de Louis XI en 1472 ; Guy, surnommé l'écuyer Boucar, écuyer tranchant de François Ier, commandait sous Bayard une bande de mille aventuriers dans les guerres d'Italie et fut tué au siège de Novarre en 1521 ; Jean, gentilhomme de la chambre d'Henry II en 1545, marié en 1555 à Claude de la Roë, dame de Coesmes ; Jean, conseiller aux Grands-Jours, puis au parlement en 1554 ; trois lieutenants généraux des armées du Roi en 1652, 1696 et 1744, le second desquels, mort en 1712, auteur d'un Nobiliaire de l'évêché de Léon.

La branche aînée paraît s'être fondue dans Gourio ; la dernière héritière du nom, morte en 1756, avait épousé en 1714 le marquis de Vintimille du Luc, en Provence, lieutenant général.

Ils portaient : D'argent à deux fasces de gueules ; deux bisses affrontées d'azur en pal, languées de gueules brochantes sur le tout. — Devise : A tous refuge. (Voir pl n° 13.)

(2) On remarque dans cette famille : Suhart, seigneur de la Roche, vivant en 1240, père de Geoffroy, présent au traité de mariage d'Agnès d'Avaugour en 1288 ; Maré, croisé en 1248 ; Guillaume, fils de Geoffroy qui précède, panetier de Philippe de Valois en 1338, épouse Olive Visdelou, dont Éon, marié à Jeanne de Plestan, qui ratifie le traité de Guérande en 1381. Un conseiller au parlement en 1731 ; un maréchal de camp en 1748 ; un aide-major garde-côtes au combat de Saint-Cast en 1758 ; un président à mortier en 1775 ; deux filles à Saint-Cyr en 1789 ; quatre membres fusillés à Quiberon en 1795.

Ils portaient : D'azur au croissant d'or.

Le contrat de mariage fut passé à Morlaix, devant Regnauld, notaire royal.

Elle mourut à Morlaix le 22 mars 1782 (1).

(1) C'est par elle que la famille de la Grandière se trouve alliée à un très grand nombre de familles de la Bretagne, de l'Anjou et de la Normandie.

Elle avait une sœur qui épousa M. Chanu de Keredein, dont sont sortis MM. Chanu de Limur et du Plessix-Mauduit.

Son père, Jean-François Le Minihy du Rumeu, né en 1690 et mort en 1779, était fils de M. Le Minihy de Penfrat et de Perrine Le Coroller, la dix-neuvième des enfants de Yves Le Corroller et de Guillemette Le Borgne.

Yves Le Coroller et Guillemette Le Borgne offrent un exemple remarquable de fécondité. Ils eurent vingt-deux enfants et une de leurs filles, Mme de la Marre, en eut seize.

De ces nombreux enfants, quelques-uns moururent jeunes; il y en eut qui vécurent dans le célibat ou entrèrent en religion; mais la plupart prirent alliance avec des familles distinguées de Morlaix et de ses environs. Les garçons formèrent plusieurs branches qui, maintenant, se réduisent à deux ou trois. Les filles ont donné des mères à un grand nombre d'autres familles qui se sont multipliées à leur tour et ont formé des alliances à d'autres maisons et ont ainsi produit une postérité nombreuse, tant en haute et basse Bretagne qu'en Anjou et en Normandie et probablement ailleurs. Il est certain qu'il y a peu de familles remarquables aux environs de Morlaix qui n'ait quelque aïeule du nom de Le Coroller, d'autant que les degrés antérieurs à Yves, mari de Guillemette Le Borgne, ont fourni beaucoup d'enfants qui se sont établis, quoique en moindre nombre que ceux qu'ils ont produits, ainsi que leur fille Mme de la Marre.

Yves Le Coroller, seigneur de Kervescontou, était fils de Jean, propriétaire de ce lieu en Plougaznou et d'autres biens ruraux, et de Marie de Parthevaux. Il appartenait à une famille noble ancienne et distinguée dès le xive siècle à Morlaix, où elle avait occupé depuis plusieurs générations les premières charges municipales; elle s'était, suivant l'usage du pays, adonnée au commerce maritime, alors fort avantageux et fort lucratif dans cette place, et y avait acquis de la richesse.

Yves épousa, vers 1630, Guillemette Le Borgne de Lauharan, en Plestin, qui avait voulu se faire carmélite et qui, ne se sentant pas appelée en cet état, quitta le couvent de Morlaix avant d'y avoir prononcé ses vœux. Parvenue à un âge très avancé, elle put voir de son vivant cent dix-sept enfants, petits-enfants et arrière-petits-enfants issus d'elle. Elle se plaisait à réunir chez elle tous les ans, le jour de sa fête, tous ceux de ses descendants qui habitaient Morlaix et ses environs, et chacun d'eux trouvait, sur son couvert, un sou, destiné à acheter des gâteaux aux plus petits; on a cru devoir citer un pareil exemple des mœurs patriarcales de ce temps. On ajoutera que Mme de la Marre, sa fille, filait elle-même et faisait filer et tricoter par ses nombreuses filles, de la laine dont M. de la Marre faisait fabriquer une partie pour servir à l'habillement de sa nombreuse famille; on voit jusqu'à quel point le commerce quoique opulent poussait alors l'esprit de simplicité, de frugalité et d'économie; cependant il possédait une magnifique argenterie, qui passait pour la plus belle et la plus recherchée qui existât dans toute la Bretagne, et il avait marié ses filles dans des maisons distinguées par leur naissance et leur richesse.

Guillemette Le Borgne survécut à son mari Yves Le Coroller et sa vie fut terminée par

États de services du comte de la Grandière (Charles-Marie)

VOLONTAIRE, en 1741, sur le vaisseau *Saint-Michel*, sous les ordres du commandant de Fouilloux, puis sur la frégate l'*Elysabeth*, en 1743 et 1744, sur la frégate la *Sirène*, en 1745, sous les ordres du commandant Gomain.

un accident. Ayant voulu, malgré son grand âge, suivre la procession qui avait lieu autour du cloître des Jacobins, le jour de la fête du Rosaire, elle eut le malheur de tomber au milieu de la foule qui se pressait dans le mauvais escalier qui conduisait de l'église dans le cloître et y fut foulée aux pieds avant qu'il eût été possible de la relever ; elle avait alors environ quatre-vingt-huit ans et avait joui d'une santé robuste ; ce choc occasionna sa mort peu de temps après.

Quatre des enfants de Guillemette Le Borgne naquirent antérieurement à 1634 dans des paroisses autres que celle de Saint-Melaine ; les dix-huit autres naquirent sur cette paroisse, sur les registres de laquelle on retrouve leur date de naissance.

Voici quels furent ces enfants :

I. Joseph-Mériadec Le Coroller, qui épousa Éléonore Blanchard, dont sont sorties les branches de la famille Le Coroller encore existantes, et par les filles les familles Boudin de Tromelin, Arthur de Keralio, Provost de Boisbilly, de Blois, Jacquelot de Boisrouvray, en Bretagne, et en Normandie celles d'Aumesnil, Le Coustelier, de Fribois, Le Mierre d'Allemagne, de Blays, de Crespon et Bourdon de Grammont, qui habitent les environs de Caen.

II. Joseph Le Coroller du Necoat, qui n'eut qu'une fille qui épousa un M. Bonnemetz du Bois, riche banquier de Morlaix, dont sont sortis MM. de Kerouartz et d'Aboville.

III et IV. Deux enfants dont on ignore les noms et le sexe.

V. Marie, née à Saint-Melaine en 1634, mariée le 12 octobre 1655, dans la même paroisse, à Jacques-Allain de la Marre. Il appartenait à une branche cadette, mais peu fortunée, d'une famille noble de Normandie qui, en 1576, avait fourni un conseiller au parlement de Bretagne. Il vint s'établir à Morlaix vers l'an 1635, époque où le commerce de cette ville était dans tout son éclat et sa prospérité ; il se livra à cette partie et parvint par son talent, son habileté, son exacte probité et à l'aide de circonstances heureuses dont il sut tirer parti, à y acquérir une fortune immense et que l'on croit la plus considérable de celles qui ont jamais été faites sur cette place de commerce.

La grande richesse de M. et Mme de la Marre a passé longtemps en proverbe parmi le peuple de Morlaix, ainsi que leur charité pour les pauvres. Ce furent surtout les spéculations de banque calculées avec sagesse et intelligence qui furent le principal moyen de M. de la Marre. Il fut maire de la ville de Morlaix en 1671 et 1672 et premier juge-consul ou président du tribunal de commerce en 1678 et 1680 ; il acquit en 1687 une charge de secrétaire du Roi à la chancellerie près le parlement de Bretagne.

GARDE DE MARINE, au port de Brest, le 29 novembre 1745, sur la *Perle,* en 1746, sous les ordres du chevalier de Roquefeuille, sur le vaisseau le *Diamant,* en 1746, commandant de Blénac : sur l'*Aurore*, le 18 mars 1747, commandant Goulette ; second sur le *Chercheur,* 30 août 1747, capitaine de Saint-Prix, puis sur le *Duc de Cumberland,* 27 décembre 1747, commandant Mezedeme.

SOUS-BRIGADIER le 1er avril 1748, resta en cette qualité sur le *Duc de Cumberland,* en 1748 et 1749.

Voici les noms de ses seize enfants et la date de leur naissance, d'après les registres de la paroisse de Saint-Melaine, déposés aux bureaux de l'état-civil de la municipalité de Morlaix :

1° Jacquette, née en 1656 ;

2° Yvonne-Catherine, née en 1660 ;

3° François, né en 1661, connu sous le nom de Montafilan, fut écuyer de la princesse de Conty et mourut sans postérité, à Morlaix, en 1751 ;

4° Jean-François, né en 1662 ;

5° Françoise, née en 1664, épousa en 1883 Jean-Olivier Berthou de Kerverzio, depuis président aux requêtes du parlement de Bretagne, dont sont issues les familles Berthou de la Violaye, de la Bourdonnaye-Montluc, de Monty, de Pioger ;

6° Marie, née en 1665, épousa, en 1685, Louis Florian des Nos des Fossés, conseiller au parlement de Bretagne, dont sont issus MM. de Guergorlay ;

7° Claire, née en 1666 ;

8° Louise, née en 1667, épousa, en 1690, Nicolas de Plœuc, seigneur de Kirharo, dont sont sorties les familles de Plœuc, Hingant de Kerizac et de la Fruglaye ;

9° Anne, née en 1668, épousa, en 1683, Louis Roger, seigneur de Campagnolle, en Anjou, dont sont sorties les familles de Campagnolle et de Santo-Domingo ;

10° Thérèse, née en 1669 ;

11° Pierre-Jérôme, né en 1670 ;

12° Madeleine, née en 1672 ;

13° Louise-Ursule, née en 1673, épousa, en 1694, Joseph-Hyacinthe de Tinténiac, baron de Queimmerch, dont sont issues les familles de Tinténiac, de Saint-Roman, de la Pierre la Forêt, du Couédic ;

14° Joseph-Nicolas, né en 1674 ;

15° Magdeleine, née en 1676 ;

16° Marguerite-Rose, née en 1678.

Des quatre fils, l'un mourut jeune ; un se fit jésuite et les deux autres, connus sous les noms de Montafilan et de Morinville, vécurent dans le monde ; on ignore si ce dernier, qui n'habitait pas la Bretagne ou du moins les environs de Morlaix, a laissé postérité.

Des douze filles, trois moururent jeunes, deux se firent religieuses et les sept autres se marièrent dans des maisons distinguées et ont laissé des enfants, garçons et filles, qui se sont alliés dans beaucoup d'autres familles.

Outre celles des sœurs dont on a cité ci-dessus l'époque du mariage, tiré des registres de la paroisse de Saint-Melaine de Morlaix, on sait que l'une avait épousé un M. du Merdy

ENSEIGNE DE VAISSEAU le 17 mai 1751. Embarqué sur le *Prothée*, du 15 novembre 1752 au 30 juin 1753, commandant Malouet ; sur le vaisseau l'*Apollon*. du 11 mars 1755 au 30 septembre 1755, commandant Gomain ; sur le vaisseau le *Prothée*, du 11 décembre 1755 au 26 décembre 1756, commandant de Roquefeuille ; sur le *Belliqueux*, du 16 janvier au 28 février 1757 ; sur le *Bizarre*, du 20 mars au 30 avril 1757.

LIEUTENANT DE VAISSEAU, le 17 avril 1757.

Commandant de la *Fauvette*, du 7 juin au 25 septembre 1757.

Second du vaisseau l'*Amphyon*, du 10 novembre 1757 au 9 avril 1758, commandant de la Monneraie.

Commandant de la *Thétis*, du 1er novembre 1758 au 31 mars 1759.

de Catuélan, dont sont sorties les familles de Catuélan et de Boispéan, et l'autre un d'Oillauson, en Normandie ; mais comme ces mariages ont eu lieu dans d'autres paroisses, on n'a pu retrouver ni l'époque, ni les prénoms des contractants.

M. de la Marre mourut à Bordeaux, où il s'était rendu pour régler une affaire. — Sa femme mourut en 17.. dans la maison qu'ils occupèrent à Morlaix, donnant sur la ruelle dite de Rossenic, qu'ont longtemps habitée depuis MM. de Kerouartz. C'était jadis un manoir de campagne appelé Trohéou, avant que cette portion de la ville, qu'on nommait alors faubourg de Saint-Melaine, fût couverte de maisons.

M. et Mme de la Marre laissèrent à chacun de leurs enfants susceptibles de leur hériter une fortune de la valeur de 150,000 livres, tant en biens-fonds qu'en valeurs numéraires, outre plusieurs fondations religieuses et aumônes dont on leur est redevable.

VI. Yves, né en 1636, mourut jeune.

VII. Guy-Hyacinthe, né en 1637.

VIII. Toussaint, né en 1638.

IX. Guillemette, née en 1640.

X. Françoise, née en 1641.

XI. Catherine, née en 1642.

XII. Philippe, né en 1643.

XIII. Jeanne, née en 1644.

XIV. Mériadec, né en 1645.

XV. Jean, né en 1647, mourut jeune.

XVI. Yves, né en 1648.

XVII. Louise, née en 1649.

XVIII. Jean, né en 1651.

XIX. Perrine, née en 1653, mariée avec M. Le Minihy de Penfrat, et dont sont issues les familles Le Minihy du Rumen, Chanu de Keredein, Chanu de Limur, Mauduit du Plessix, de la Grandière.

XX. Anne, née en 1654, mourut au berceau.

XXI. Jacques, né en 1656.

XXII. Anne, née en 1657.

(Cette note est extraite d'un manuscrit conservé dans la branche des de la Grandière de Vendée.)

Second sur le vaisseau *Le Solitaire*, du 1ᵉʳ mai au 20 décembre 1759, commandant de Langle.

Commandant du bataillon de marine pour le service des côtes en 1760 et 1761. Embarqué sur l'*Hector*, du 30 mai 1761 au 20 novembre 1762, commandant de Peuzé ; sur le *Brillant*, du 6 février 1764 au 12 juillet 1764, commandant de Guichen ; second sur l'*Union*, du 28 mars 1767 au 12 juillet 1767, commandant de Bruynor.

Capitaine de vaisseau le 24 mars 1772. Employé à la démolition du Royal-Louis en 1774 ; employé au radoub du vaisseau l'*Éveillé*, en 1775 ; capitaine de pavillon sur le *Rolland*, du 10 novembre 1776 au 1ᵉʳ avril 1778 ; commandant de l'*Indien*, du 25 juin 1778 au 30 septembre 1779 ; commandant du *Conquérant*, du 11 avril 1780 au 1ᵉʳ août 1782.

Chef d'escadre le 25 août 1784. Commandant de la marine à Brest le 21 décembre 1791.

Figurait comme contre-amiral sur la liste des officiers généraux arrêtée par le Roi pour l'année 1792.

Admis à une pension de retraite de 3,000 fr. par décision du ministre de la marine du 27 ventôse an XIII (18 mars 1805).

NOTICE. — M. de la Grandière a pris part, comme commandant de l'*Indien*, au combat d'Ouessant, livré le 24 juillet 1778 par l'escadre de M. le comte d'Orvilliers. Il a assisté, comme commandant du *Conquérant*, au combat de Chesapeak, le 16 mars 1781, dans lequel l'escadre de M. des Touches vainquit l'amiral anglais Arbuthuot. Le 20 juin de la même année, le Roi a accordé à M. de la Grandière une pension de 600 livres sur l'ordre de Saint-Louis, pour avoir soutenu le feu de plusieurs vaisseaux ennemis dans cette affaire. M. de la Grandière montait le même bâtiment lors du combat des Saintes, qui eut lieu les 9 et 12 avril 1782 entre l'escadre du comte de Grasse et la flotte anglaise aux ordres de Rodney.

RÉCAPITULATION DES SERVICES

Vingt-cinq campagnes.

Neuf combats.

Trois commandements devant l'ennemi.

En totalité soixante-quatre ans trois mois et vingt jours de service y compris les campagnes.

Ses enfants furent :

1° LOUIS DE LA GRANDIÈRE, enseigne de vaisseau, chevalier de

Saint-Louis, tué dans l'Inde au combat de Trinquemale, en 1782, sur le vaisseau le *Bizard.*

2° CHARLOTTE-MAXIMILIENNE DE LA GRANDIÈRE, morte à Rennes le 4 juillet 1823. Elle fut mariée à JEAN-FRANÇOIS FOUQUER DE KERSALIO (1) capitaine des Mousquetaires, chevalier de Saint-Louis, mort à Guérande. De ce mariage il y eut deux filles mortes en bas âge.

3° PIERRE-MARIE-MARTIN VICOMTE DE LA GRANDIÈRE, auteur des branches de Bordeaux. (Voyez ci-après pages 80 et suivantes.)

4° DOMINIQUE-CLAUDE-MARIE DE LA GRANDIÈRE, né à Morlaix, dans la paroisse de Saint-Martin, le 4 février 1767, élevé à l'école de la Flèche où il fut reçu en 1775.

Il fut lieutenant de vaisseau, chevalier de Saint-Louis, et mourut le 15 mars 1795, au cap de Bonne-Espérance, revenant de faire avec le contre-amiral d'Entrecasteaux, le voyage à la recherche de La Pérouse sur la flûte l'*Espérance*, commandée par M. Huon de Kermadec (2).

C'est pendant cette expédition qu'on découvrit l'archipel de la Louisiade,

(1) La famille Fouquer est originaire d'Allemagne. Établis en France, ils furent seigneurs de Kersalio et du Cardinal dans la paroisse de Guérande. On y remarque : Raoul, annobli par lettres de 1702 ; deux maîtres des comptes depuis 1759.

Ils portaient : D'azur à trois étoiles d'or, au chef endenché de gueules. (Voir pl. n° 15.)

(2) *Note extraite des Mémoires de M. de la Motte du Portail, officier de marine.* — Je m'empresse de t'offrir un correctif en parlant du chevalier de la Grandière. Imagine-toi l'âme la plus franche et la plus compatissante. Il rappelle véritablement ces anciens chevaliers dont les traits de bonté, d'honnêteté et de grandeur d'âme, cités par les historiens véridiques, remplissent nos paupières de si douces larmes. Bon parent, bon ami, bon camarade, bon officier, il réunit tout ce qu'il faut pour captiver l'estime et l'amitié. Il a plus de bon sens que d'esprit ; sa société est extrêment douce et sûre, sa complaisance et son attention sont sans égales. Lent par caractère, il ne peut s'empêcher de conserver, même avec ses camarades intimes, un petit air de cérémonie qui ferait juger qu'il craint de se livrer entièrement. A la fermeté et au sang-froid qu'on admire en lui se joint un peu d'entêtement, sans cela, comme il le dit lui-même, on ignorerait que je suis Breton. C'est sans contredit un des hommes les plus probes que j'aie connus ; cela le fait parfois pousser très loin la délicatesse avec ses amis. A toutes les heureuses qualités de son caractère se joint encore un air de bonhomie qui devance beaucoup son âge. A ne faire attention qu'à sa démarche, à son corps un peu voûté, à ses pas lents, à beaucoup de petites manies, on le croirait presque un vieillard, quoiqu'il ait tout au plus vingt-sept ou vingt-huit ans.

Tel est le personnage qui, avec celui que je t'ai déjà nommé, forme le trio de notre petite société.

le 20 juin 1793, et chacun des officiers de l'expédition donna son nom à une des îles composant cet archipel.

L'île de la Grandière est située dans la partie septentrionale du groupe à 8°55' de latitude sud et 148°51' de longitude est. Elle est près de l'île Jurien.

La position de ces îles fut relevée par M. C.-F. Beautemps-Beaupré, ingénieur hydrographe, qui faisait partie de l'expédition.

5° JACQUES-JOSEPH-AUGUSTIN DE LA GRANDIÈRE, qui continue la branche de Bretagne dont il sera parlé ci-après pages 94 et suivantes.

6° MARIE-PERRINE-JEANNE-PHILIPPINE DE LA GRANDIÈRE, née à Morlaix le 20 mai 1772, mariée le 31 juillet 1805 à JEAN BRUNO DE LA MONNERAYE (1), contre-amiral honoraire, chevalier de Saint-Louis, né le 14 novembre 1759, à Rennes, mort en 1832 au château du Clio, près Malestroit, Morbihan.

De ce mariage il y eut quatre enfants :

1° Paul-Charles, né le 9 mai 1806, mort le 30 octobre 1839.

2° Mathilde-Jeanne-Marie, née le 7 septembre 1809, mariée le 12 novembre 1833 au château du Clio à Arthur, comte de Castel, né en 1793. Leur descendance continue.

3° Charles-Ange, né le 3 février 1812, marié le 9 mai 1842 à Clotilde-Marie-Judith de Troquindy, née en 1821.

Il fut capitaine d'état-major et est actuellement sénateur du Morbihan.

_____

(1) La famille Bruno de la Monneraye est originaire de l'évêché de Dol et a possédé les seigneuries de la Villeblanche, de la Riolais, du Plessix, de Mézières, du Breil, de la Maillardière, de Maynard, du Restmeur et du Clio.

On y remarque : Macé, lieutenant de Dinan, épouse Marie Guiton, veuve en 1478, dont : Pierre, seigneur de la Riolais, marié à Jeanne Gourget, mort en 1557. Cette famille a produit six secrétaires du Roi depuis 1617 ; un maître des comptes en 1637 ; un greffier en chef civil au parlement en 1657 ; René, seigneur de la Meslée, substitut du procureur général, annobli par lettres de 1663 ; un prévôt général de la connétablie et de la sénéchaussée de Bretagne en 1695 ; un conseiller au parlement en 1695 et un colonel tué sous les murs de Paris en 1870.

Elle porte : D'or à la bande de gueules chargée de trois têtes de lions arrachées d'argent, et accostée de deux serpents ailés d'azur. (Voir pl. n° 15.)

Leur descendance continue par les filles seulement, dont l'une a épousé le comte de Lespinay de Pancy.

4° Louis-Marie, né le 14 novembre 1819, marié le 21 juillet 1853 à Éléonore de l'Escly, née le 4 mai 1826. Il est mort à Redon le 1er novembre 1892.

Leur descendance continue.

BRANCHE DE BORDEAUX

DEVENUE BRANCHE AÎNÉE A L'EXTINCTION DE LA BRANCHE D'ANJOU 1888

XVII

PIERRE-MARIE-MARTIN VICOMTE DE LA GRANDIÈRE

Pierre-Marie-Martin vicomte de la Grandière, capitaine de vaisseau, chevalier de Saint-Louis, né à Morlaix, le 13 juin 1765, décédé à Bordeaux le 17 novembre 1827, fut l'auteur de la branche dite de Bordeaux.

Il fut élevé à l'école militaire de la Flèche et ses preuves de noblesse furent faites par d'Hozier en 1773.

Il se maria à Londres le 17 novembre 1801 à REINE DE CALMEILH (1), née à Bordeaux le 21 avril 1768, décédée à Semussac, Charente-Inférieure, le 26 mars 1844. Elle était fille de messire François de Calmeilh, seigneur de Poyanne, de Fontenille et de la Fosse et de dame Louise Gaigneron Desvallons, morte à Bordeaux le 3 septembre 1815.

---

(1) La famille de Calmeilh est originaire de Guienne. Elle produisit ses preuves de noblesse jusqu'en 1550.

Elle porte : D'azur à trois yeux d'argent rangés en fasce, surmontés chacun d'une étoile d'or et une levrette de même courante et posée à la pointe de l'écu. Devise : *Retine et abstine donec optatis fortuna respondeat.* (Voir pl. n° 13.)

États de services du vicomte de la Grandière (Pierre-Marie-Martin), capitaine de vaisseau du Roi, retraité, chevalier de l'ordre royal et militaire de Saint-Louis

Entré dans la marine royale le 14 mars 1780.

Armé sur le vaisseau le *Conquérant*, commandé par le comte de la Grandière, son père, chef de division à la Nouvelle-Angleterre, aux îles du Vent et Sous-le-Vent, en 1781 et 1782, deux ans et neuf mois de campagne, en paix et en guerre, a assisté à quatre combats, le 21 juin 1780, le 16 mars 1781, les 9 et 12 avril 1782.

Armé sur la corvette le *Poisson-Volant*, capitaine de la Jalousière, en station à Saint-Domingue ; a commandé ce bâtiment par intérim faisant fonction d'enseigne de vaisseau, 1783 et 1784 ; un an et quatre mois.

Armé sur la gabare la *Lourde*, capitaine Dulon, aux îles du Vent, 1785 ; cinq mois.

Armé sur la frégate la *Félicité*, commandée par le chevalier de Trécesson. Campagne d'évolution dans la mer du Nord et en station dans le Levant, 1787 et 1788 ; un an et huit mois.

Armé sur le vaisseau l'*Achille*, commandé par le chevalier de Macarty, chef de division, en station aux îles du Vent, 1789. Passé en France sur X..., commandé par le capitaine Lauret de Seegueville, 1789 ; six mois.

Lieutenant de vaisseau le 13 juin 1789.

Armé sur le vaisseau le *Superbe*, capitaine Costebelle, en rade de Brest, 1790 ; deux mois.

Passé à bord du vaisseau le *Languedoc*, commandé par le comte de la Grandière, son père, chef d'escadre, comme chef d'état-major, 1790.

Passé sur le vaisseau le *Jupiter*, commandé par le vicomte de Bélizal, chef de division, comme officier-major, 1791 ; sept mois.

Total : Sept ans et quatre mois de mer.

Émigré en septembre 1791.

A fait la campagne de 1792 à l'armée du centre dans le corps de la maison royale, sous les ordres des princes frères du Roi (1).

En 1793 il est retenu à Dusseldorf par ordre de S. A. R. le comte d'Artois, étant destiné à accompagner ce prince en Vendée.

En 1794 et 1795 il est lieutenant en premier au régiment du comte de Viomesnil.

Décoré de l'ordre royal et militaire de Saint-Louis le 20 janvier 1796.

Au licenciement de son régiment il s'est rendu à l'armée de S. A. S. Mgr le prince de Condé et fut placé à la 13e compagnie des chasseurs nobles, commandés par le commandant général de Lavarennes.

Lieutenant-colonel d'infanterie, le 1er juillet 1796, par brevet de S. M. Louis XVIII, signé le comte de Viomesnil.

En 1799 et 1800 il est envoyé à la Guyane française pour porter des secours et faciliter l'évasion des Français exilés par un gouvernement tyrannique. Il fut assez heureux pour réussir dans cette mission honorable.

En 1800 il est nommé lieutenant-colonel à la suite de l'état-major de l'armée russe, destinée à entrer en France.

Au mois de septembre 1801 il est nommé lieutenant-colonel au service du Portugal, aide de camp de S. E. le feld-maréchal, comte de Viomesnil.

Il rentra en France en septembre 1802.

En 1812 il est nommé administrateur des hospices civils de la ville de Rennes et commandant de cohorte de la garde nationale.

En 1813 et 1814 il est adjoint au maire de Rennes où il est assez heureux pour favoriser le mouvement en faveur des Bourbons lors de la Restauration.

Le 31 décembre 1844 il est admis à la retraite de capitaine de vaisseau.

(1) *Attestation.* — Nous, lieutenant général des armées navales de Sa Majesté très chrétienne, grand-croix de l'ordre royal et militaire de Saint-Louis, ancien commandant de la marine au port de Brest, certifions que Monsieur le vicomte de la Grandière a constamment servi sous nos yeux avec distinction, que c'est un officier fait et propre à être employé avec avantage dans toutes les parties du service, que ses principes ne sont pas moins recommandables que son zèle et son intelligence et qu'il a mérité dans toutes les occasions l'approbation de ses chefs et l'estime de son corps. En foi de quoi nous lui avons délivré le présent certificat.

Signé :

Le comte d'HECTOR.

Ses enfants furent :

1º LOUISE-CHARLOTTE DE LA GRANDIÈRE (1), née à Londres le 8 septembre 1802, décédée à Paris le 23 février 1887, étant fille de la charité de Saint-Vincent-de-Paul.

2º ALFRED-LÉON-MARIE COMTE DE LA GRANDIÈRE ci-après.

3º LOUIS-JEAN DE LA GRANDIÈRE, mort sans alliance.

4º ZÉLIA-MARGUERITE-MARIE DE LA GRANDIÈRE, morte sans alliance.

5º CHARLES-JEAN-BAPTISTE DE LA GRANDIÈRE, auteur de la branche cadette de Bordeaux (Voir page 88 et suivantes).

6º JULIETTE-MARIE-ANNE DE LA GRANDIÈRE, morte le 4 mars 1812.

7º MARIE-ANNE-FRANÇOISE DE LA GRANDIÈRE, morte en bas âge.

8º X..... DE LA GRANDIÈRE, mort en bas âge.

XVIII

ALFRED-LÉON-MARIE COMTE DE LA GRANDIÈRE

Alfred-Léon-Marie comte de la Grandière, ancien officier d'infanterie, né à Rennes le 26 juillet 1804, décédé à Royan le 25 juin 1886, a épousé, à Saint-Paul, arrondissement de Blaye (Gironde), le 9 novembre 1829, MARGUERITE-FRANÇOISE BROSSARD DE FAVIÈRES (2), née à Saintes (Charente-Inférieure), le 1er mars 1807, décédée à Bordeaux, le 17 novembre 1882. Elle était fille du chevalier Jean-Antoine-Joseph Brossard de Favières et de Anne-Marie-Gabrielle d'Isle (3).

---

(1) Dans la famille, elle était connue sous le nom de Caroline, qui n'est pourtant pas porté sur son acte de naissance.

(2) La famille Brossard de Favières est originaire du Limousin.
Elle porte : D'azur à trois épées d'argent. (Voir pl. nº 13.)

(3) Ancienne famille originaire de Saintonge qui produisit ses preuves de noblesse jusqu'en 1557.
Elle portait : D'argent à trois roses de gueules feuillées et boutonnées de sinople deux et un.

Le comte de la Grandière fut fait chevalier de la Légion d'honneur le 2 décembre 1861.

Il a été maire de Royan de 1854 à 1864, et membre du Conseil général de la Charente-Inférieure de 1852 à 1864.

La municipalité de Royan a voulu perpétuer son souvenir en donnant son nom à un des boulevards de la ville.

Leurs enfants furent :

1° Marie-Joseph CAMILLE COMTE DE LA GRANDIÈRE (Voir ci-après).

2° MARIE DE LA GRANDIÈRE, née à Semussac, en octobre 1831, décédée à Semussac, en août 1841.

3° Marie-Caroline CHARLOTTE DE LA GRANDIÈRE, née à Semussac, le 4 octobre 1832, décédée à Semussac, le 20 décembre 1841.

4° Marie LUCIE DE LA GRANDIÈRE, née à Semussac, le 26 mars 1834, décédée à Semussac, en septembre 1842.

5° Marie LOUISE DE LA GRANDIÈRE, née à Semussac, le 6 octobre 1838, a épousé à Bordeaux, le 16 décembre 1869, son cousin germain Marie-François ARTHUR VICOMTE DE LA GRANDIÈRE, et est morte sans postérité à Bordeaux le 24 février 1883. Dans la famille on l'appelait Lise.

6° Charles-Marie EMMANUEL DE LA GRANDIÈRE, né à Semussac, le 28 janvier 1840, décédé à Tonnay-Charente, le 2 novembre 1854.

7° Marie WILLIAM DE LA GRANDIÈRE, né à Semussac, le 16 juin 1841.

8° Marie LÉON DE LA GRANDIÈRE, né au château de Didonne, commune de Semussac, le 8 octobre 1842. Ancien magistrat.

Il a épousé, à Aurice (Landes), le 7 avril 1881, JEANNE-DÉSIRÉE-ROSA DUPIN DE JUNCAROT (1) BARONNE DE SPENS.

---

(1) Les Dupin de Juncarot ou du Pin de Juncarot, suivant des actes anciens, appartiennent à une très ancienne famille des Landes.

Sa filiation s'établit depuis 1495.

On y remarque : Nicolas du Pin, écuyer, seigneur de Juncarot, un des cinquante gentilshommes du Roi en 1570 ; Armand, frère du précédent, tué en 1607 devant Montmélian en Savoie ; Anne, mariée en 1645 à Jehan de Marreiny de Saint-Germain, enseigne des

de Noré d'Estelan

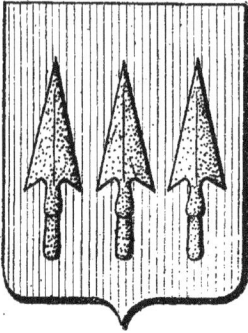

le Minihy du Refuge

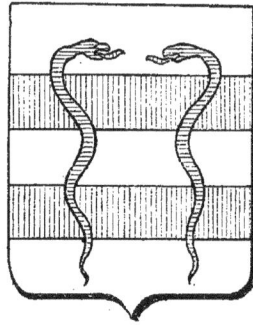

Calmeilh

Brossard de Favière

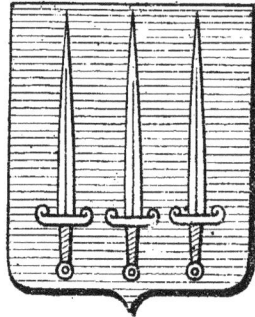

de Juncarot

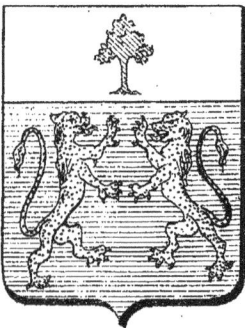

de Gohin

Leurs enfants furent :

A. MARIE-JOSÉPHINE DE LA GRANDIÈRE, née à Saint-Sever (Landes), le 8 juin 1883.

B, ANNE-MARIE-JOSEPH-ALFRED DE LA GRANDIÈRE, né à Saint-Sever, le 8 mai 1889.

9° Marie HYACINTHE DE LA GRANDIÈRE, né au château de Didonne, commune de Semussac, le 26 octobre 1843.

Il a épousé, au château de la Motte, commune de la Charmie (Saône-et-Loire), le 12 avril 1877, JEANNE-EMMA NOELY PARDON.

10° MARIE DE LA GRANDIÈRE, née à Semussac, le 21 octobre 1845.

11° Marie JOSÉPHINE DE LA GRANDIÈRE, née à Semussac, le 11 mars 1850, décédée à Royan, le 1ᵉʳ septembre 1866.

XIX

CAMILLE COMTE DE LA GRANDIÈRE

Marie-Joseph-Camille comte de la Grandière, né à Bordeaux, le 10 octobre 1830, a servi dans la cavalerie comme engagé volontaire de 1850 à 1856. Entré dans l'administration des lignes télégraphiques, attaché au cabinet de l'Empereur, la guerre de 1870 le trouve au poste de sous-inspecteur à Bordeaux. Il fut chargé d'un important service pendant que le gouvernement de la Défense nationale y avait son siège. Il fut mis, sur sa demande, en congé illimité en 1871.

gardes du corps de S. A. R. le duc d'Orléans, régent de France ; Martin, admis aux mousquetaires, en 1660, se retire du service avec le grade de major de brigade et le droit de sauvegarder contre la maréchaussée ; Charles-Martin assiste à la bataille de Fontenoy en qualité de porte-drapeau ; il se retire du service avec le grade de lieutenant-colonel et la croix de Saint-Louis ; condamné à mort en 1793, il est relaxé avec huit autres membres de sa famille sur la demande de la population de sa commune, tant il était aimé et respecté.

Les Dupin de Juncarot portent : D'azur à deux lions affrontés d'or, au chef d'argent, chargé d'un pin de sinople. (Voir pl. n° 13.)

Il a épousé, à Paris, le 22 août 1859, MARIE-THÉRÈSE-ELINA DE GOHIN (1), fille du comte Adolphe de Gohin, né en 1789, décédé en 1863, garde du corps à la compagnie de Noailles, lieutenant le 2 décembre 1815 et capitaine le 2 novembre 1827, décoré de la fleur de lys en 1814.

Leurs enfants furent :

1° EUGÈNE-MARIE-FRANÇOIS DE LA GRANDIÈRE.

2° YVONNE-MARIE-BLANCHE DE LA GRANDIÈRE, née à la Rochelle, le 21 mai 1863, mariée à Bordeaux, le 11 mars 1885, avec MAURICE DE

---

(1) Les de Gohin étaient gentilshommes de la province d'Anjou. Reconnus gentils-hommes de nom et d'arme et en possession de la noblesse depuis trois siècles par lettres-patentes du grand sceau accordées par Louis XV, en date du mois de juin 1731, enregis-trées au parlement le 7 septembre de la même année.

Ils furent seigneurs des Aulnais, de la Belottière, des Essarts et de Cheman.

On y remarque : Jean, taxé deux écus pour la rançon du roi Jean, en 1360, entre les nobles du grand et du petit Montreveau ; Jean, conseiller à la sénéchaussée d'Anjou et conservateur des privilèges royaux de l'Université sous le règne de François Ier (2 août 1537), confirmé dans le même office par Henri II (22 janvier 1547); Jean, échevin perpétuel (22 novembre 1538), qualifié de noble homme et écuyer, faisait partie du conseil de Mon-sieur, frère du Roi, duc d'Anjou, en qualité de son premier maître des requêtes (10 mars 1578); Jean, conseiller au présidial d'Angers sous Henri II (20 avril 1552), nommé premier conseiller par Charles IX (17 octobre 1565); Jean, maire d'Angers en 1561 et 1562; René, conseiller au présidial d'Angers sous Charles IX (14 octobre 1567), maître des requêtes, doyen des conseillers ; René, échevin perpétuel (17 avril 1581), maire d'Angers en 1592 et 1593 ; René, conseiller au présidial d'Angers sous Henri IV (22 juillet 1594); René, échevin perpétuel (1er mai 1608); Michel, conseiller au présidial d'Angers (6 no-vembre 1633); François, écuyer, secrétaire de la Reine (28 avril 1633); Michel, échevin perpétuel (6 mai 1652), et maire d'Angers (17 avril 1653), député vers le Roi le 8 août 1653 ; René, premier président au présidial d'Angers (15 mai 1671); René, curé de Seiches (1696); Michel, curé de Restigné (1698); René, né en 1714, chevalier de Saint-Louis en 1745, capitaine de grenadiers au régiment de Piémont; Pierre-André, chevalier de Saint-Louis, major général des troupes du Roi au Canada, brigadier des armées du Roi le 10 fé-vrier 1761, nommé commandant en second pour le Roi dans l'île de Saint-Domingue et en premier le 14 juillet 1763, maréchal de camp le 5 juillet 1764; Armand-Jean-René, né en 1756, mort en 1808, lieutenant dans le régiment de Franche-Comté en 1785, capitaine dans le régiment du colonel général des hussards en 1788.

Cette famille porte : Écartelé aux un et quatre d'azur à une croix treflée ou fleuronnée d'or ; aux deux et trois d'argent à une aigle à deux têtes de gueules, le vol abaissé. (Voir pl. no 13.)

TOURNADRE (1), fils d'Alphonse de Tournadre, ancien officier de marine, et de dame-de Lalande.

XX

EUGÈNE-MARIE-FRANÇOIS DE LA GRANDIÈRE

Eugène-Marie-François de la Grandière, né à Niort (Deux-Sèvres), le 6 mai 1861, a épousé à Paris, en l'église de la Madeleine, le 23 novembre 1885, MATHILDE-MARIE-PAULINE LE VAVASSEUR DE PONTIGNY (2), fille de Henry-Auguste le Vavasseur de Pontigny, avocat à la cour d'appel de Paris, et de Marie-Blanche-Mathilde de Gohin.

De ce mariage est issu :

GAETAN-MARIE-JOSEPH DE LA GRANDIÈRE, né à Paris le 12 juillet 1887.

---

(1) Tournadre est une ancienne famille d'Auvergne.

On y remarque : Bernard-Marie, écuyer, conseiller du Roi en la Cour des aides de Clermont, né en 1728, Bernard-Félix, auditeur au Conseil d'État, né en 1734; Antoine, né en 1736, conseiller du Roi et son avocat à la sénéchaussée et siège présidial de Clermont-Ferrand; Bernard, né en 1702, avocat au parlement et délégué à l'intendance d'Auvergne, mort en 1772; Jean-Joseph-Aimable, né en 1774, décédé à Marseille en 1854, colonel du génie, marié à la fille du marquis de Gantès; Bernard-Aimable, né en 1741, mort en 1826, maréchal de camp du génie; Aimé, né à Marseille en 1811, capitaine de frégate en retraite, ancien commandant des ports de Marseille, mort en 1891.

Cette famille porte : D'azur au chevron d'or, accompagné en chef de trois étoiles d'argent et en pointe d'un croissant de même. (Voir pl. n° 15.)

(2) Le berceau de la famille Le Vavasseur de Pontigny est à Pontigny, arrondissement du Mans (Sarthe). Il furent seigneurs de Pontigny, d'Argençon, du Plessis, de Beaulieu, de Chardonnet et de Bellemare.

Le premier connu est Georges, mort en 1458; il avait épousé Jeanne de Tillières. On remarque : Gervais, inscrit en qualité de gentilhomme sur l'état des officiers de la grande fauconnerie de France en 1710; Gervais, gouverneur de la ville et du château de Bonnétable (Sarthe) en 1717; autre Gervais, gouverneur pour le Roi et bailly de la Ferté-Bernard en 1723; un arrêt de la Cour des aides, en date de 1726, maintient ce Gervais dans la possession de se dire noble et de noble race pour lui et sa postérité.

Elle porte : D'or à trois merlettes de sable. (Voir pl. n° 14.)

BRANCHE CADETTE DE BORDEAUX

XVIII

JEAN-BAPTISTE-CHARLES VICOMTE DE LA GRANDIÈRE

Jean-Baptiste-Charles vicomte de la Grandière, né à Rennes, le 11 février 1808, décédé à Bordeaux le 4 février 1888, est entré à Saint-Cyr en 1825 et sorti comme sous-lieutenant d'infanterie en 1827, fit en cette qualité l'expédition d'Afrique et donna sa démission en 1830, il avait épousé à Bordeaux, le 15 octobre 1838 ROSE-ANGÉLIQUE-ANNE DE BENCE DE SAINTE-CATHERINE (1), née à Saint-Pierre (île de la Martinique), le 20 mai 1822, fille de François-Marie-Joseph-Arthur de Bence de Sainte-Catherine, écuyer, conseiller honoraire à la cour royale de la Martinique et de Marguerite-Elisabeth-Rose d'Arnaud. Elle est décédée à Bordeaux le 15 mars 1894.

Leurs enfants furent :

1° Marie-François ARTHUR VICOMTE DE LA GRANDIÈRE.

(1) La famille de Bence de Sainte-Catherine est originaire de Normandie et établie à la Martinique à la prise de la colonie. Elle est d'ancienne et pure noblesse.

On y remarque : Angélique-Madeleine, née le 27 avril 1697, reçue à Saint-Cyr le 4 janvier 1707, sur les preuves de sa noblesse, remontant par titres jusqu'à Robert, son sixième aïeul, écuyer, seigneur de Buisson, de Garembourg, qualifié maréchal de Honfleur en 1463 et pourvu de l'office de bailly de Gien ; François-Nicolas-Pierre, écuyer, arrière-petit-neveu de la précédente, est conseiller au conseil souverain de la Martinique en 1789, commissaire du gouvernement en 1804, procureur général en 1805, grand juge par intérim en 1806.

Cette famille porte : D'argent à l'aigle éployée à deux têtes de sable, accompagné en chef de trois trèfles rangés de sinople abaissés d'un filet en fasce de sable. (Voir pl. n° 14.)

2º Marie ROSE DE LA GRANDIÈRE, née à Bauzan (Gironde), le 19 décembre 1840, décédée à la Grande-Sauve (Gironde), le 27 mars 1864.

3º Marie FRANÇOISE DE LA GRANDIÈRE, née à Bauzan, le 18 août 1842, décédée à Bauzan, le 20 septembre 1842.

4º Marie-Gabriel ADOLPHE DE LA GRANDIÈRE, né à Bauzan, le 10 janvier 1846, décédé à Bordeaux, le 2 février 1850.

5º Marie-Henri EUGÈNE BARON DE LA GRANDIÈRE. (Voir ci-après page 92.)

6º ANNE-MARIE DE LA GRANDIÈRE, née à Bordeaux, le 19 décembre 1848.

7º Marie-Anne HENRIETTE DE LA GRANDIÈRE, née à Bordeaux, le 6 mai 1851.

8º MARIE-MICHEL DE LA GRANDIÈRE, né à la Grande-Sauve, le 29 septembre 1854, décédé le même jour.

9º MARIE-LOUISE DE LA GRANDIÈRE, née à Bordeaux, le 20 janvier 1856, décédée à la Grande-Sauve, le 7 mai suivant.

XIX

MARIE-FRANÇOIS-ARTHUR VICOMTE DE LA GRANDIÈRE

Marie-François-Arthur vicomte de la Grandière, né à Bordeaux, le 23 novembre 1839, est actuellement intendant militaire, officier de la Légion d'honneur.

Il avait épousé à Bordeaux, le 16 décembre 1869, sa cousine-germaine, MARIE-LOUISE DE LA GRANDIÈRE, décédée à Bordeaux, sans postérité, le 24 février 1883.

Il épousa en secondes noces, à Lagrollière (Corrèze), le 12 avril 1887, JEANNE ARRIGHI DE CASANOVA (1), fille de Pierre Arrighi de Casanova et de dame de Bellefonds.

(1) La famille Arrighi, originaire de Corse, fut maintenue, le 4 février 1783, comme noble d'extraction par le conseil supérieur institué après la réunion de cette île à la France.

États de services du vicomte Arthur de la Grandière

Elève de l'École spéciale militaire de Saint-Cyr le 8 novembre 1860.

Sous-lieutenant au 79ᵉ régiment d'infanterie le 1ᵉʳ octobre 1862.

Lieutenant au même régiment en 1869.

Capitaine en 1870. Fait en cette qualité une campagne en Algérie du 30 septembre au 28 octobre 1870. Puis la campagne contre l'Allemagne du 6 décembre 1870 au 7 mars 1871.

Passé dans le corps de l'Intendance comme adjoint de 2ᵉ classe le 26 décembre 1870.

A Marseille (campagne à l'intérieur), du 23 mars au 4 août 1871.

Envoyé en Algérie le 13 mars 1873, fut nommé adjoint de première classe le 1ᵉʳ août 1873. Il resta en Algérie jusqu'au 2 janvier 1875.

Chevalier de la Légion d'honneur le 7 août 1877.

Des relations d'amitiés cimentées par les liens du sang unissaient les Arrighi aux Bonaparte et leur firent partager leur destinée et leur exil lorsque ceux-ci, proscrits dans l'assemblée de Corte, furent obligés de passer sur le continent.

Jean-Thomas Arrighi, alors chef de la famille, prit du service dans les armées de la République, devint aide-de-camp de Berthier en Orient, fut créé chef d'escadron à Marengo, général de brigade à Austerlitz et général de division à Essling. L'empereur lui conféra le titre de duc de Padoue avec dotation en Italie, après la bataille de Friedland. Il épousa, en 1813, Zoé de Montesquiou, fille du comte Henri de Montesquiou-Fezensac. Pendant les Cent-Jours, Napoléon appela le duc de Padoue à siéger à la Chambre des pairs. Mais la rapidité des événements ne laissa pas de longues illusions au parti de l'empereur. Après le désastre de Waterloo, le duc de Padoue se réfugia en Corse avec mission secrète de préparer les esprits au cas où Napoléon irait y chercher asile. Frappé par l'ordonnance royale du 7 janvier 1816, il se retira en Italie et n'obtint son amnistie qu'en 1820.

Ils portent : Écartelé parti mi-coupé à six quartiers. — Le un : D'azur à la tour d'argent de bas en chef crénelée et maçonnée, deux fenêtres et deux meurtrières de sable, la porte fermée, une potence à dextre de la tour d'argent, un lion d'or couronné de même en défense et lampassé de gueules. — Le deux : De gueules à la colonne d'argent de bas en chef. — Le trois : De sable à l'aigle d'or éployée, bec et ongles d'argent. — Le quatre : D'or au gonfanon d'azur chargé de trois alérions d'or. — Le cinq : D'argent plein. — Le six : De gueules au ramier d'argent fleuri d'un rameau de sinople. En abyme un écu coupé. Le un : D'azur à une étoile d'argent. — Le deux : D'argent à trois barres de gueules. (Voir pl. nᵒ 14.)

Sous-intendant militaire de 2ᵉ classe le 31 décembre 1879.

Fut désigné par ordre ministériel du 25 décembre 1883 pour diriger le service de l'Intendance du corps expéditionnaire du Tonkin où il arriva le 10 janvier 1884.

Sous-intendant militaire de 1ʳᵉ classe le 31 août 1884.

Officier de la Légion d'honneur le 17 mai 1885.

Il resta au Tonkin jusqu'au 14 mai 1886 et reçut les décorations suivantes : la médaille commémorative de l'expédition du Tonkin ; la croix de commandeur de l'Ordre Royal du Cambodge ; la croix de commandeur du Dragon de l'Annam et celle de chevalier du 1ᵉʳ ordre en or de Sa Majesté le Roi d'Annam.

Il a été nommé Intendant militaire directeur du service de l'Intendance du 18ᵉ corps d'armée à Bordeaux le 13 avril 1893.

Leurs enfants furent :

1° Marie-Joseph-Jean-Baptiste CHARLES DE LA GRANDIÈRE, né à Bordeaux, le 7 mars 1888.

2° PIERRE-MARIE DE LA GRANDIÈRE, né à Bordeaux, le 14 mai 1889.

3° Marie-Eugène JOSEPH DE LA GRANDIÈRE, né à Bordeaux, le 30 janvier 1891.

4° Marthe MARIE DE LA GRANDIÈRE, née à Bordeaux, le 29 février 1892.

BRANCHE DE BORDEAUX

REVENUE EN ANJOU A L'EXTINCTION DE LA BRANCHE AÎNÉE, EN 1888

(Voir page 45)

XIX

EUGÈNE BARON DE LA GRANDIÈRE

Marie-Henri-Eugène baron de la Grandière, né à Bauzan (Gironde), le 8 juillet 1847, engagé volontaire au 5e régiment de lanciers, le 23 décembre 1867, nommé sous-lieutenant au 6e régiment de lanciers, par décret du 4 octobre 1870, a fait la campagne de 1870-1871 contre l'Allemagne et contre la Commune, démissionnaire le 27 avril 1875, nommé par décret du 25 avril 1876 à un emploi de capitaine en second dans la cavalerie de l'armée territoriale, démissionna de cet emploi le 10 novembre 1885. Il se fixa en Anjou, au château de la Poindasserie dès 1882, et fut élu maire de la commune de Saint-Pierre-Montlimard les 18 mai 1884, 20 mai 1888, 15 mai 1892.

A la mort de la comtesse de la Grandière, dernière représentante de la branche aînée de la famille, il hérita du château de la Berthelotière, commune de Chanzeaux.

Il a épousé, à Martigné-sur-Mayenne, département de la Mayenne, le 21 juin 1873, MARIE-AMÉDÉE DE JOURDAN (1), fille du vicomte de Jourdan et de la vicomtesse née de Brillartz-Beaucé.

Leurs enfants furent :

1° Marie-Eugène GONZAGUE Amédée-Anne-Joseph DE LA GRANDIÈRE,

(1) Voir pour la famille de Jourdan la note 1, page 44, et pour les armoiries pl. n° 8.

né au château de Mythème, Martigné (Mayenne), le 20 juillet 1874.

2° Marie-Eugène-Charles PIERRE DE LA GRANDIÈRE, né au château de Mythème, le 20 septembre 1875.

3° Marie-Eugène-Amédé JEAN DE LA GRANDIÈRE, né au château de Mythème, le 23 janvier 1877, décédé à Vannes, le 30 mars 1894.

4° Marie-Eugène-René-Henri JOSEPH DE LA GRANDIÈRE, né au château de Mythème, le 29 avril 1879, décédé à Bordeaux, le 16 mai 1881.

5° Marie-Eugène-Arthur AMÉDÉ DE LA GRANDIÈRE, né au château de Mythème, le 15 septembre 1880, décédé au château de la Poindasserie, le 9 mai 1886.

6° Marie-Eugène FRANÇOIS DE LA GRANDIÈRE, né au château du Fresne-Champéon (Mayenne), le 12 octobre 1881, décédé au château de Mythème, le 1er novembre 1881.

7° Une fille, morte en naissant, au château de la Poindasserie, le 19 février 1886.

8° Marie-Eugénie-Louise-Josèphe MADELEINE DE LA GRANDIÈRE, née au château de la Poindasserie, le 4 juin 1890.

BRANCHE CADETTE

RESTÉE EN BRETAGNE

(Voir page 78)

XVII

AUGUSTIN VICOMTE DE LA GRANDIÈRE

Jacques-Joseph-Augustin-Marie vicomte de la Grandière, cinquième enfant du comte de la Grandière, chef d'escadre, naquit à Morlaix, paroisse de Saint-Martin, le 1ᵉʳ mars 1770 ; il fut élevé au collège militaire de la Flèche, où il fut admis en 1781.

Il était capitaine de frégate et chevalier de Saint-Louis.

Il est mort à Redon le 31 août 1845.

Il avait épousé à Redon, le 28 septembre 1802, ANNE-MARIE-MATHILDE MICHELE CHAILLOU DE L'ÉTANG (1), d'une famille de magistrats de la cour des comptes de Bretagne, née à Pontchâteau, le 29 février 1780 et décédée à Redon le 13 janvier 1860.

---

(1) Dans cette famille on remarque : René, procureur à Guingamp en 1565 ; Michel, maire de Guingamp en 1611 ; René, secrétaire du Roi en 1701 ; deux maîtres des comptes en 1742.

Elle porte : d'azur au chevron échiqueté d'argent et de gueules de deux tiers, accompagné en chef de deux soleils d'or et en pointe d'une croisette de même. (Voir pl. nº 14.)

États de services du vicomte Jacques-Joseph-Augustin-Marie de la Grandière

ASPIRANT DE MARINE le 20 octobre 1784.

GARDE DE MARINE le 30 novembre 1785.

Embarqué sur la frégate la *Proserpine*, commandant de Barbazan, du 30 mars 1786 au 7 avril 1787, alla à Saint-Domingue.

ÉLÈVE DE 1ʳᵉ classe le 1ᵉʳ mai 1786.

Embarqué sur le vaisseau le *Réfléchi*, commandant de Verdun de la Crenne, du 8 avril 1787 au 30 mai 1787.

Embarqué sur la gabare la *Sincère* du 1ᵉʳ juin 1787 au 9 avril 1788.

Embarqué sur la frégate la *Proserpine* du 10 avril 1788 au 18 novembre 1788, fit les campagnes de Terre-Neuve et de Saint-Domingue.

Embarqué sur la gabare l'*Aimable Flore*, commandant Doré, pour aller dans l'Inde, du 8 février au 10 septembre 1789.

Embarqué sur la frégate l'*Astrée*, commandant de Saint-Riveul, du 10 septembre 1789 au 31 octobre 1789, en station dans l'Inde.

Embarqué sur la frégate la *Nymphe* du 1ᵉʳ novembre 1789 au 14 août 1790, en station dans l'Inde.

Embarqué sur la frégate la *Thétis* du 15 août 1790 au 16 décembre 1791.

Émigra le 6 janvier 1792.

A fait les campagnes des Princes, frères du Roi, en 1792, dans la 6ᵉ compagnie du corps de la marine ; celles de 1793 et 1794 dans l'armée de Condé, comme chef d'escouade dans la 18ᵉ compagnie noble d'artillerie ; celles de 1795 à 1800 à l'armée de Condé (infanterie noble).

LIEUTENANT DE VAISSEAU le 20 février 1798.

Chevalier du Saint-Louis le 7 janvier 1801.

CAPITAINE DE FRÉGATE en non activité le 31 décembre 1814.

A servi comme capitaine dans l'armée royale de Haute-Bretagne, commandée par le maréchal de camp d'Andigné.

Admis à l'activité comme capitaine de frégate, le 1ᵉʳ janvier 1816, attaché au port de Lorient.

Admis à la retraite par ordonnance du 22 octobre 1817.

Leurs enfants furent :

1° CHARLES-MARIE DE LA GRANDIÈRE, né à Redon, le 24 juillet 1803, décédé à Redon, le 5 mai 1873.

Il était entré à l'École militaire de Saint-Cyr le 9 septembre 1819, et nommé sous-lieutenant au 15° léger le 1er octobre 1821. Il était lieutenant d'infanterie quand il donna sa démission en 1830.

Il avait épousé, à Rennes, FRANÇOISE-MARIE-PERRINE FOURNEL (1), née à Rennes, en 1803, et décédée au château du Plessix-en-Guignen (Ille-et-Vilaine), le 13 avril 1838. Elle était fille de Hippolyte Fournel et de Perrine de Trémaudant (2).

Leurs enfants furent :

A. CHARLOTTE-MARIE DE LA GRANDIÈRE, née à Rennes, le 22 janvier 1832, décédée au château du Plessix, le 29 juillet 1843.

B. FRANÇOISE-MARIE DE LA GRANDIÈRE, née à Rennes, le 25 juillet 1834, décédée au château du Plessix, le 1er mai 1861.

Elle avait épousé, le 13 septembre 1853, CHARLES-ARMAND BARON DE WOLBOCK (3) chevalier de la Légion d'honneur et de l'Ordre du Saint-

---

(1) Les Fournel étaient seigneurs de la Fontaine et de Servigné, paroisse de Gevezé, diocèse de Rennes. On y remarque : Guillaume, secrétaire du Roi en 1644, qualifié noble. Plusieurs membres de la famille au présidial de Rennes.

Cette famille porte : D'argent à trois bandes d'azur à la bordure de gueules besautée d'or. (Voir pl. n° 14.)

(2) C'est elle dont il est question dans les mémoires de Chateaubriand dont elle était l'amie. Le château de Trémaudant confine à celui de Chateaubriand.

(3) La famille de Wolbock établie en Bretagne est originaire du duché de Gueldres où elle prit une part constante à toutes les luttes pour défendre l'indépendance de son pays, spécialement au XVIe siècle contre les envahissements de Charles-Quint.

Elle prouve sa noblesse militaire et chevaleresque de temps immémorial par des documents authentiques.

Ils furent seigneurs de Loo, de Worms, de Courcelles, d'Applincourt, de Lampeigne et vicomtes de Limé.

Elle descend directement de Clauss de Wolbock vivant au XIIIe siècle à Thiel en Gueldre.

On y remarque : Nicolas baron de Wolbock, vicomte de Limez seigneur de Loo et de Worms, qui combattit longtemps pour l'indépendance de la Gueldre contre les envahissements de Charles-Quint. Il entra définitivement en France avec le sire de Longueval qui avait été envoyé en 1541 par le roi de France, avec une armée de secours à Guillaume de Clèves ; pour ne pas subir une domination étrangère à la suite du traité de Venloo,

de Pontigny

de Bence

Arrighi de Casanova

Chaillou de l'Etang

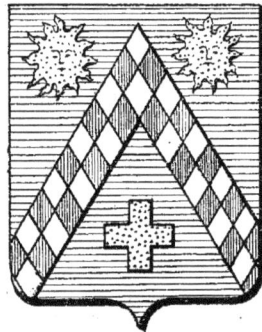

Fournel

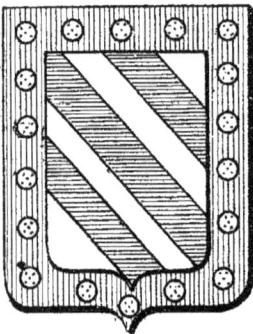

de Bengervi

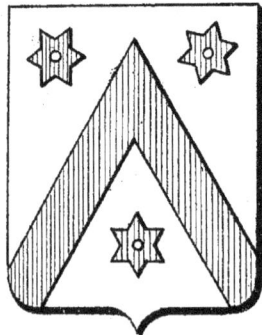

Sépulcre de Jérusalem, né à Paris, le 27 avril 1828, fils de Jean-Louis-Armand baron de Wolbock et de Rose-Françoise de Launay.

Il fut zouave pontifical, et pendant la guerre de 1870-1871 officier d'ordonnance de l'amiral vicomte Fleuriot de Langle. Le 31 juillet 1871 il fut décoré pour sa belle conduite pendant la guerre.

Leurs enfants furent :

a. Marie de Wolbock, née le 28 octobre 1854, mariée le 26 novembre 1873 au baron Constantin de Banafos de Belinay, d'une famille de la plus haute noblesse d'Auvergne.

Ils ont deux filles.

b. Yolande de Wolbock, née le 21 avril 1856, décédée en bas âge.

c. Françoise de Wolbock, née le 8 janvier 1859, mariée, le 16 avril 1879, au marquis Raoul de Bruc de Montplaisir, officier [d'artillerie démissionnaire.

d. Henri de Wolbock, vicomte de Limé, né le 4 avril 1861, marié le

12 septembre 1543, il se fixa dans son fief de Limez, généralité de Soissons. Un de ses fils, Antoine, fut officier des gardes de Louis XIII ; il eut un fils François qui fut enseigne dans la compagnie de Beaumont à 18 ans, puis lieutenant de chevau-légers du duc d'Orléans ; François, lieutenant à 21 ans, dans le régiment de La Châtre. Louis-Antoine fut un des vaillants hommes de guerre de son temps, en 1713, sous le maréchal de Villars, il se signala en attaquant à la tête de plusieurs compagnies de grenadiers les chemins couverts de Fribourg en Brisgau ; retrouvé sous un monceau de cadavres, il dut subir l'opération du trépan et l'amputation d'un bras. Chevalier de Saint-Louis, il reçut en récompense de son héroïque carrière, le gouvernement d'Avesne où il mourut en 1754.

Entre autres enfants il eut : 1° Louis-Marie-Antoine, chevalier de Saint-Louis, lieutenant-colonel, qui mourut en 1782 des suites de nombreuses blessures qu'il avait reçues au siège d'Ath, à Sunderhausen, à Berghen et à Terre-Neuve ; 2° Louis-François-Armand, décoré de l'ordre de Saint-Louis à 21 ans, sur le champ de bataille de Fontenoy, prit part à dix batailles et dix-neuf sièges, criblé de blessures, il était sur le point d'être nommé maréchal de camp lorsque éclata la Révolution de 1789. Son fils unique, Jean-Louis-Armand, père de notre Armand de Wolbock, était chevalier de la Légion d'honneur, de l'ordre de Saint-Jean de Jérusalem et de plusieurs autres ordres ; il était inspecteur général de la maison du roi Louis XVIII et fut maintenu dans cette charge sous Charles X. Il avait épousé Rose-Françoise de Launay, et son contrat de mariage fut signé par le Roi et la famille royale.

Les de Wolbock portent : Écartelé au 1 et 4 de gueules à une fasce d'or qui est de Wolbock ; au 2 et 3 de gueules à trois pals de vair au chef d'or qui est de Châtillon. (Voir pl. n° 15.)

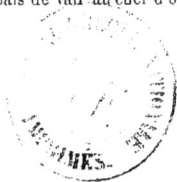

19 juin 1883, avec Marthe Cortyl de Wytshove, d'une famille d'ancienne noblesse de Flandre.

2° AMBROISE-RAPHAEL-MARIE DE LA GRANDIÈRE, né à Redon, le 2 mars 1805, décédé au château du Rocher, en Guipry (Ille-et-Vilaine), le 21 septembre 1882.

Il avait épousé, au château du Fresche, en Pipriac (Ille-et-Vilaine), en novembre 1846, AMÉLIE-MARIE-JEANNE ROLLAND DE RENGERVÉ (1), née à Redon, le 17 juin 1814, décédée au château du Rocher, le 19 septembre 1878. Elle était fille de Ambroise Rolland de Rengervé et d'Anne de Bruc (2).

Ils eurent pour enfant :

MARIE-ANNE-PHILOMÈNE-HENRIETTE DE LA GRANDIÈRE, née à Redon, le 15 juillet 1850, mariée à Redon, le 5 septembre 1871 à son cousin AUGUSTIN-MARIE-ÉLOI ROLLAND DE RENGERVÉ (3), ancien zouave pontifical, lieutenant des mobiles pendant la guerre de 1870-1871, chevalier de la Légion d'honneur.

(1) Les Rolland de Rengervé furent seigneurs de Carcouet, de Belorient, de la Normandais, des Aulnais, du Noday, du Mesnil, du Rocher, de Merlande, du Chesne Gouar, de la Foulay et de la Villedavez.

On y remarque : Alain, chevalier, sénéchal de Quintin, mentionné dans une charte de Beauport en 1213 ; Eon ratifie le traité de Guérande en 1381 ; Jean, fils d'Eon, échanson d'Arthur, comte de Richemont, envoyé en Angleterre pour traiter de la rançon de Jean de Blois, en 1387 ; Bertrand, arrière petit-fils de Jean, vivant en 1479, épouse Catherine de Rosmar ; Olivier, auteur de la branche de Noday, vivant en 1479, épouse Jeanne de la Motte ; un lieutenant des maréchaux de France à Ploermel en 1775.

Ils portent : D'argent au chevron de gueules accompagné de trois molettes de même. (Voir pl. n° 14.)

(2) De Bruc est une des plus anciennes familles de Bretagne.

On y remarque : Guéthinoc, croisé en 1190 ; Guillaume, croisé en 1270, marié à Adelice de Callac ; Allain, évêque de Tréguier, mort en 1285 ; Jean, vice-chancelier de Bretagne, ambassadeur à Rome en 1420, fils de Pierre et d'Isabeau, dame de la Bouttevillaye ; Henry, aumônier du Roi et abbé de Saint-Gildas de Rhuis, mort en 1635 ; un abbé de Bellefontaine au diocèse de la Rochelle, mort en 1704 ; des gouverneurs de places fortes ; plusieurs chevaliers de Malte et conseillers au Parlement depuis 1555 ; un chevalier de l'ordre en 1657 ; un maréchal de camp en 1651 ; un lieutenant général des armées du Roi, mort en 1704 ; un président de la noblesse aux États de 1764 ; un chef de division de l'armée de Charette en 1795 et un évêque de Vannes en 1817, mort en 1826.

Ils portent : D'argent à la rose de gueules boutonnée d'or. Devise : *Flos florum, equis equitum*.

(3) Voir la note de la page ci-dessus, et pour les armoiries pl. 14.

Il est né au château du Rocher, en Guipry (Ille-et-Vilaine), le 18 avril 1843 ; il était fils de Fidèle Rolland de Rengervé et de Joséphine de Trédern (1).

Il n'y a pas d'enfants de ce mariage.

3° PIERRE-PAUL-MARIE DE LA GRANDIÈRE, dont l'article suit.

4° MADELEINE-YVONNE-MARIE DE LA GRANDIÈRE, née à Redon, le 22 avril 1809, sœur de charité de l'ordre de Saint-Vincent-de-Paul, décédée à Angers, le 2 juillet 1873, étant supérieure de l'hôpital.

Elle se distingua d'une manière toute particulière pendant l'épidémie de choléra qui sévit à Amiens en 1865 où elle demanda à être envoyée pour remplacer une des religieuses enlevée par le terrible fléau. L'Impératrice, voulant la faire décorer pour récompenser son admirable dévouement près des malades, lui demanda son nom et elle répondit : « Je m'appelle fille de Saint-Vincent. » Elle refusa la distinction qui lui fut offerte.

Quelques années plus tard elle était à la tête de l'hôpital d'Angers, lorsque lord Cornwallis étant venu visiter cette maison et ayant été frappé de la manière remarquable dont l'établissement était dirigé, demanda le nom de la supérieure et lui dit cette parole flatteuse : « Je ne sais qui doit être le plus fier, de vous ou de votre frère l'amiral, lui d'avoir une sœur telle que vous, ou vous d'avoir un frère tel que lui. »

5° ÉMILIE-FRANÇOISE-MARIE DE LA GRANDIÈRE, née à Redon, le 22 mai 1811, décédée à Nantes, le 4 juin 1890 et inhumée à Redon.

6° LOUIS-MARIE DE LA GRANDIÈRE, né à Redon, le 6 juin 1815, lieutenant de vaisseau, chevalier de la Légion d'honneur, décédé en mer, en vue de Sainte-Hélène, sur la frégate la *Reine-Blanche*, le 10 juillet 1850.

---

(1) Dans cette famille d'une très ancienne noblesse de Bretagne, on remarque : Étienne, croisé en 1248 ; Pierre, vivant en 1481, épouse Anne de Kerourfil, dame de Lezerec, archer en brigandine dans une montre reçue à Saint-Pol en 1503 ; un lieutenant de vaisseau fusillé à Quiberon en 1795.

Ils portent : Échiqueté d'or et de gueules, au franc canton fascé d'argent et de gueules de six pièces. Devise : *Ha souez vi* (quelle surprise ce serait).

États de services de Louis de la Grandière, lieutenant de vaisseau

---

Entré comme élève à l'École navale le 15 novembre 1831.

ELÈVE DE MARINE DE 2ᵉ CLASSE le 15 octobre 1832.

Embarqué sur la gabare la *Garonne* du 6 novembre 1832 au 24 février 1833.

Embarqué sur la corvette la *Criée*, commandant Ferrin. Alger, éxpédition de Bougie, Sénégal : deux ans et huit jours à la mer, en guerre du 24 février 1833 au 6 juin 1835.

ELÈVE DE MARINE DE 1ʳᵉ CLASSE le 1ᵉʳ décembre 1834.

Embarqué sur la frégate l'*Iphigénie* du 18 août 1835 au 27 octobre 1835.

Embarqué sur la frégate l'*Artémise*, commandant Lainé, Antilles, du 27 octobre 1835 au 7 juin 1836.

Embarqué sur la corvette la *Créole* du 7 juin 1836 au 7 décembre 1836.

Embarqué sur la frégate la *Minerve*, commandant Kerdrain, station du Brésil, du 7 décembre 1836 au 14 avril 1840.

ENSEIGNE DE VAISSEAU le 21 août 1839.

Embarqué sur la corvette le *Berceau*, commandant Lartigue. Antilles. Du 11 septembre 1840 au 23 avril 1842.

Embarqué comme second sur la gabare la *Prévoyante*, commandant Robin du Parc, station d'Islande. Du 7 mars 1843 au 1ᵉʳ décembre 1846.

Chevalier de la Légion d'honneur le 26 avril 1846.

LIEUTENANT DE VAISSEAU le 8 septembre 1846.

Embarqué sur la frégate la *Forte*, en commission de port, du 16 décembre 1846 au 14 janvier 1847.

Embarqué comme second, sur la corvette l'*Artémise*, commandant Rouvray de Saint-Simand. Ile Bourbon. Du 5 àvril 1847 au 6 février 1849.

Embarqué comme second, sur la frégate la *Reine-Blanche*, commandant Febvrier des Pointes. Division navale de l'Océan Indien. Du 6 février 1849 au 10 juillet 1850, jour de son décès près de Sainte-Hélène.

7° FÉLIX-MARIE DE LA GRANDIÈRE, auteur de la branche de Vendée, (Voir page 125 et suivantes.)

XVIII

PIERRE-PAUL-MARIE DE LA GRANDIÈRE, VICE-AMIRAL

Pierre-Paul-Marie de la Grandière, né à Redon, le 28 juin 1807, décédé à Quimper, le 25 août 1876.

Il était vice-amiral, ancien gouverneur de la Cochinchine, conseiller général du Finistère, grand officier de la Légion d'honneur, Officier de l'instruction publique, décoré des médailles de Crimée et d'Italie, grand cordon des Ordres du Cambodge et de Siam, commandeur avec plaque de l'Ordre du Saint-Sépulcre de Jérusalem, commandeur de l'Ordre de Pie IX, commandeur du Medjidié, chevalier de l'Ordre du Sauveur de la Grèce (1).

Il avait épousé à Quimper, le 20 juillet 1847, MARIE-AUGUSTINE DU MARHALLAC'H (2), née à Quimper le 11 février 1823, et décédée dans la

---

(1) En souvenir des services rendus par lui à la France particulièrement en Cochinchine et pour perpétuer sa mémoire, son nom fut donné à la principale place de Saïgon. On donna également plus tard son nom à une canonnière destinée à naviguer sur les arroyos de la Cochinchine. M. Le Myr de Villers, ancien gouverneur de cette colonie qu'il représentait comme député, juge impartial des grands services rendus par l'amiral de la Grandière, qu'il considérait comme le fondateur de nos possessions en Extrême-Orient, eut le projet de lui faire élever une statue soit à Redon où il était né, soit à Quimper où son corps était inhumé. Il dut renoncer à cette idée devant l'opposition que firent les députés républicains et les municipalités de ces deux villes à cause des opinions politiques et religieuses de l'amiral de la Grandière et de sa famille.

(2) Elle était sœur de Monseigneur du Marhallac'h, protonotaire apostolique, vicaire général du diocèse de Quimper, ancien député, ancien aumônier des mobiles bretons en 1870, chevalier de la Légion d'honneur, dernier du nom des du Marhallac'h, décédé le 10 août 1891 et dont la vie admirable fut écrite à cette époque par M. Rossi, chanoine à Quimper. Elle était également sœur de la comtesse de Carné, femme de l'académicien.

La maison du Marc'hallac'h ou du Marhallac'h est une des plus anciennes de Bretagne. Elle est issue d'un puîné de la maison de Coetfaou qui ayant hérité de la terre même ville, le 26 octobre 1868, en revenant d'un séjour de trois ans en Cochinchine, où elle avait cru de son devoir d'accompagner son mari qui, pour la seconde fois, y était envoyé comme gouverneur. Elle se dévoua au soulagement des nombreux malades français et y fut atteinte de la maladie qui l'emporta trois mois après son retour en France.

Elle était fille de Jean-Félix Marhallac'h, ancien député, chevalier de Saint-Louis et de la Légion d'honneur et de Marie-Gertrude-Prudence Rogon de Carcaradec (1) qui, par les femmes, descendait du maréchal de Contades.

---

du Marc'hallac'h en Cornuaille, en prit le nom. Ils furent seigneurs de Lézarmor, de Kerraoul, de Kermorvan, de Tréouron, de Kerfeuntenic et de Kerguillec.

On y remarque : Jean, croisé en 1248 ; Jean, vivant en 1481, épouse Constance de Kerouriec ; Rolland, vivant en 1536, épouse Béatrix de Kersauzon, de la maison de Kerven ; René, marié à Jeanne du Bois, dame de Lézarmor ; Arthur Rolland, marié à Andrée de Kermorvan ; Maurice, marié à Louise de Lezandevès ; Allain, au nombre des défenseurs du château de Pont-l'Abbé, assiégé par les ligueurs en 1588, tué au siège de Guengat en 1590 ; François, épouse Suzanne de Keraoul ; Yves, marié en 1639 à Suzanne Saluden ; Jacques, maintenu dans sa noblesse d'ancienne extraction par arrêt du 21 mai 1671 ; Allain, marié à Jeanne de Poulmic ; Jean-Baptiste, marié à Charlotte Dondel ; Félix, marié à Juliette Trémic ; Jacques-Charles, marié à Jeanne Euzénou de Kersalaun.

Cette famille s'est éteinte en 1891, par un prêtre, comme l'indiquait sa devise prophétique : *Usque ad aras*.

Elle portait : D'or à trois pots ou orceaux de gueules 2 et 1. Devise : *Usque ad aras*. (Voir pl. n° 16.)

(1) Dans cette famille d'ancienne noblesse de Bretagne on remarque : Pierre, vivant en 1380, épouse Julienne Piron, de la maison de la Pironnais ; Guillaume, marié en 1430 à Guillemette de Plorec, compris parmi les nobles de Lamballe qui prêtent serment au duc en 1437 ; Jacques, seigneur de la Ville-Rogon, auteur des seigneurs de Carcaradec qui ont produit un page du Roi en 1729 et un maréchal de camp en 1792 ; Jean, seigneur du Bois-Rogon, auteur de la branche établie dans l'évêché de Nantes, qui a produit : Julien, seigneur de Cardouzan, appelé à l'arrière-ban de Nantes en 1577. Trois membres fusillés à Quiberon en 1795.

Elle porte : D'azur à trois roquets d'or.

États de services du vice-amiral de la Grandière [1]

Le vice-amiral Pierre-Paul-Marie de la Grandière, qui vient de mourir récemment à Quimper, était né à Redon, le 28 juin 1807. Sa famille, originaire de l'Anjou, avait, au siècle dernier, fourni à la marine plusieurs officiers distingués. Un de la Grandière, officier dans l'escadre du bailli de Suffren, fut tué au combat de Trinquemale ; un autre avait succombé aux fatigues d'un voyage d'exploration, sous les ordres de d'Entrecastreaux. Ces nobles traditions de famille éveillèrent l'ambition du jeune de la Grandière et décidèrent de sa vocation maritime.

Il entra à l'école navale d'Angoulème le 1er août 1820.

Aspirant de marine de 2e classe le 20 mai 1823, il faisait sa première navigation sur la corvette la *Circé* en traversant l'Océan dans toute sa longueur, de Brest à l'Ile-Bourbon, et effectuant son retour en France en passant par les Antilles et Terre-Neuve.

De la *Circé* il passa sur la frégate l'*Armide* qui, en 1825, fit partie de l'escadre employée au blocus des côtes d'Espagne.

Élève de marine de 1re classe le 1er mai 1825.

Il fut ensuite embarqué comme second de la goëlette la *Dauphinoise*, un des nombreux petits navires de la flottille de bombardement destinée à agir contre Cadix.

En 1827 il revint sur l'*Armide*, alors sous le commandement de M. le capitaine de vaisseau Hugon. L'escadre allait dans les mers du Levant se réunir aux flottes de Russie et d'Angleterre : quelques mois plus tard, la domination turque succombait à Navarin, sous les efforts des alliés. Pendant le combat, l'aspirant de la Grandière fut embarqué sur le vaisseau le *Trident*, qui eut une part des plus glorieuses pendant l'action. C'est là qu'il reçut sa nomination au grade d'enseigne de vaisseau le 27 septembre 1827 ; il revint alors à bord de l'*Armide*, qui ne rentra en France qu'en juillet 1828.

[1] Ces états de services sont contenus et détaillés dans la notice publiée dans la *Revue maritime et coloniale*, par M. Amirault, capitaine de frégate, et parue en brochure spéciale, à Paris, en 1877 (Berger-Levrault). Quelques passages de cette notice furent supprimés par le ministre de la marine comme trop intimes. Nous en donnons donc ci-après le texte intégral.

Trois mois après, M. de la Grandière embarquait sur la frégate l'*Amazone* pour une campagne aux Antilles, 1828-1829.

Il eut ensuite à remplir les fonctions de commandant en second sur les corvettes la *Pomone* et la *Bayadère* pendant une campagne de deux ans dans les mêmes parages, 1830-1832. Son intelligence de ces fonctions, l'ordre et la régularité qu'il apportait au service lui concilièrent l'estime de ses chefs et lui valurent le grade de LIEUTENANT DE VAISSEAU, le 6 mai 1833.

Un an après, le lieutenant de la Grandière reprenait ses fonctions de second sur le brick l'*Inconstant*, pour une croisière d'un an dans l'Océan Atlantique, visitant notre colonie du Sénégal et celles des Antilles, 1834-1835.

En 1836, il embarquait sur le vaisseau le *Diadème*, de l'escadre de Brest ; il fit sur ce vaisseau une croisière dans la Manche. Il ne resta que peu de mois en escadre.

Préférant les navigations lointaines, il embarqua sur la frégate *la Minerve*, qui prenait armement à Brest, sous le commandement du capitaine de vaisseau de Kerdrain, et qui devait porter le pavillon du contre-amiral Le Blanc, commandant en chef de la division navale du Brésil et de la Plata. Malgré son peu d'ancienneté dans le grade de lieutenant de vaisseau, M. de la Grandière fut choisi par le commandant de Kerdrain pour remplir les fonctions de second sur sa frégate, ce poste eût dû être occupé par un capitaine de corvette. Sans doute la réputation qu'il avait acquise sur les corvettes *Pomone*, *Bayadère* et sur l'*Inconstant* lui valut l'honneur d'être chargé du détail sur une frégate *amirale*, et là encore le lieutenant de la Grandière sut, par son activité, son zèle et son intelligence justifier le choix de son commandant.

La Plata était alors le théâtre d'une de ces guerres de partisans qui, depuis leur indépendance, ensanglantent périodiquement les colonies espagnoles de l'Amérique et s'opposent au développement industriel et commercial de ces pays, pourtant si favorisés par la richesse de leur sol. En 1837 la France avait été amenée à déclarer la guerre à la République Argentine, pour certains différends auxquels l'orgueilleux président Rosas refusait satisfaction. L'amiral Le Blanc était envoyé pour prendre la direction des opérations militaires. Il dut organiser une flottille de petits navires destinée à agir dans ces rivières qui, à l'embouchure, ont une barre que les grands navires ne peuvent franchir. Ainsi, les frégates comme la *Minerve* ne peuvent pas aller plus haut que Montevideo. Sur cette flottille on embarqua une grande partie de l'équipage de la frégate *amirale* qui, organisé en corps de débarquement, fut placé sous les ordres du lieutenant de la Grandière. C'est ainsi qu'il eut plusieurs fois occasion de se distinguer, entre autres à l'affaire de MARTIN-GARCIA, où sa brillante conduite fut mise à l'ordre du jour et lui valut la croix de CHEVALIER DE LA LÉGION D'HONNEUR, le 29 avril 1838.

Au mois d'août 1838, l'amiral Le Blanc lui confia le commandement du brick goëlette la *Vigilante* qu'il conserva pendant dix-huit mois. Le capitaine de la *Vigilante* sut encore faire remarquer ses services dans sa nouvelle position, non seulement par sa navigation, mais encore dans de nouvelles opérations de guerre. Il fut encore une fois mis à l'ordre du jour de la division navale pour l'attaque du RIO-SAUCE.

Le lieutenant de la Grandière ne quitta le commandement de la *Vigilante* en septembre 1839, que pour reprendre, sur la *Minerve*, son poste de second qu'il conserva jusqu'au désarmement de la frégate, en mai 1840.

Les services distingués de M. de la Grandière pendant cette campagne, le recommandaient tout particulièrement à la haute bienveillance de l'illustre Duperré, alors amiral, ministre de la marine.

Aussi au mois de novembre de la même année, le *Moniteur* enregistrait sa nomination au grade de CAPITAINE DE CORVETTE, le 30 novembre 1840.

A peine promu officier supérieur, M. de la Grandière, dont l'activité semble aiguillonnée par la distinction dont il vient d'être l'objet, songe à reprendre la mer et accepte les fonctions de commandant en second sur la frégate la *Calypso*, commandée par le capitaine de vaisseau Dubourdieu, le glorieux mutilé de Navarin, qui allait prendre le commandement de la station du Levant. Les deux commandants allaient revoir ce pays pour lequel ils avaient si vaillamment combattu dans la même escadre, cette Grèce aux légendes héroïques, qui devait sa nouvelle indépendance au sang français si généreusement et si souvent versé pour la cause de l'opprimé. En souvenir des services passés, le commandant de la Grandière reçut de S. M. le roi de Grèce la croix d'officier de l'ordre du Sauveur. La *Calypso* resta deux ans, 1840-1842, dans la mer de l'Archipel et revint désarmer à Brest en 1842.

Six mois après, M. de la Grandière était nommé au commandement du brick le *Du Petit-Thouars*. Il est de notre devoir de faire remarquer l'activité et le zèle incroyable que M. de la Grandière a déployés dans toute sa carrière et qui lui valurent de franchir aussi rapidement les premiers grades.

Le *Du Petit-Touars* fut envoyé à la Plata ; alors le pays était en paix. A Montevideo, à Buenos-Ayres, nos relations avec les habitants étaient des plus agréables et des plus sympathiques, sans doute en souvenir des services rendus. Le *Du Petit-Thouars* resta deux ans, 1843-1844, dans la Plata ou en croisière sur les côtes du Brésil, il revint désarmer à Brest à la fin de 1844.

L'amiral Le Blanc, alors préfet maritime à Brest, avait gardé un excellent souvenir des services de l'ancien second de sa frégate la *Minerve*. Désirant attacher à son

14

état-major un officier aussi distingué que M. de la Grandière, il lui confia les fonctions de 1er aide-de-camp et de chef d'état-major pendant trois ans, 1845-1848.

Ce fut pendant ce séjour au port de Brest, qui forcément interrompait le cours de ses navigations lointaines et de ses campagnes presque continues, que M. de la Grandière s'allia à l'une des plus nobles familles de Bretagne. Il épousa à Quimper, en 1847, Mademoiselle Augustine du Marhallac'h. Nous aurons plus tard à parler des belles qualités de cœur et d'esprit de celle qui fut la compagne dévouée du gouverneur de la Cochinchine française en 1866-67-68.

Un an après son mariage, le commandant de la Grandière reprenait la mer, acceptant le commandement de l'aviso à vapeur l'*Épervier*, en station sur les côtes ouest de France.

L'année suivante, il était nommé au commandement de la station de Terre-Neuve, sur le *Méléagre*. Ce commandement important, les documents qu'il sut réunir sur les pêches, son activité à soutenir nos nationaux lui valurent le grade de CAPITAINE DE VAISSEAU, 1er mai 1849.

A son retour de Terre-Neuve, le commandant de la Grandière fut appelé à commander la frégate à vapeur le *Darien*, en station dans la Méditerranée.

La croix d'OFFICIER DE LA LÉGION D'HONNEUR fut la récompense de ses nombreux services, 31 décembre 1852.

Il reprit la mer en 1853, sur la corvette de premier rang l'*Eurydice* qui faisait partie de la station navale de l'Océan Pacifique.

Quand la guerre d'Orient éclata, la division française eut à réunir ses forces à celles de l'escadre anglaise pour agir contre les Russes dans leurs possessions de l'extrême Asie. Cette expédition du Kamtchatka ne fut pas couronnée par le succès auquel on était en droit de s'attendre. Nous n'avons pas à entrer dans les considérations qui ont causé l'insuccès de l'attaque des forts de Petropolowski ; le commandant de la Grandière était en sous-ordre, et sa conduite dans cette affaire est au-dessus de tout éloge. L'*Eurydice* ne fut pas engagée dans la première partie de l'action qui fut un combat d'artillerie, où nous avions trouvé quelque avantage. Mais quand, sur la proposition du commandant anglais, l'idée funeste d'un débarquement eut prévalu dans le conseil des commandants des forces alliées, le corps de débarquement des marins français, fort de deux cents hommes environ, fut placé sous les ordres du commandant de la Grandière. Dans le rapport officiel, nous voyons que nos marins pleins d'ardeur s'élancèrent à la rencontre des forces russes, qu'ils arrivèrent les premiers au sommet d'une colline dont l'occupation était le but de l'attaque, et cela par les ravins d'une falaise presque verticale, d'un terrain meuble dont les pierres roulaient sous leurs pieds et tombaient sur les hommes des derni rs rangs, que là ils eurent à soutenir un combat terrible, joignant l'ennemi à la baïonnette et le forçant à se retirer. D'un mamelon voisin, les Russes, cachés dans les broussailles, assaillirent nos marins d'un feu de mousqueterie des plus meurtriers. Le commandant de la Grandière vit tomber à ses côtés ses plus brillants officiers et le tiers de ses hommes. Quand, enfin, sous la fusillade d'un ennemi supérieur en nombre, avantagé par sa position et recevant toujours de nouveaux renforts de la ville et des forts, il fut amené à ordonner un mouvement rétrograde, il conduisit la retraite avec un sang-froid admirable, ne cédant le terrain que pas à pas, maintenant les Russes à distance, ne fuyant pas, mais retournant à ses canots, où il embarqua le dernier. Dans cet engagement, le chiffre des morts fut de cinquante et s'accrut encore les jours suivants ; c'est dire la résistance opiniâtre et héroïque de nos marins. Les événements du Kamtchatka ne pouvaient avoir aucune influence sur le dénouement du drame dont la Crimée était le théâtre et qui tenait l'Europe en suspens. L'opinion publique ne s'en émut pas davantage. Cependant, les efforts de nos marins ne devaient pas trouver l'oubli au cœur de la France ; d'honorables distinctions vinrent attester que le gouvernement faisait la part de chacun dans ces tristes circonstances, et le commandant de la Grandière, en récompense de sa belle conduite, reçut la croix de COMMANDEUR DE LA LÉGION D'HONNEUR, le 2 décembre 1854.

L'*Eurydice* revint désarmer à Toulon, au commencement de 1856, après trois ans de campagne.

Afin d'occuper les loisirs de son séjour à terre, le commandant de la Grandière se fit attacher au dépôt des cartes et plans de la marine, pour mettre en ordre les travaux hydrographiques recueillis pendant sa campagne dans l'Océan Pacifique. Il accepta ensuite la présidence de la Commission d'examen des mécaniciens, poste qu'il conserva pendant trois ans, 1856-1859.

En 1859, il fut appelé au commandement du vaisseau le *Breslau* dans l'escadre de la Méditerranée. Ce vaisseau fut désarmé quelques mois après.

Lorsque les troubles de Syrie éclatèrent, nous trouvons le commandant de la Grandière à la tête de la division navale des mers du Levant, sur la frégate le *Mogador*. L'appui qu'il prêta au corps expéditionnaire français envoyé pour réprimer les désordres de concert avec l'armée turque, et les secours fournis aux malheureuses populations chrétiennes lui valurent le grade de CONTRE-AMIRAL le 24 décembre 1861 et la croix de commandeur du MEDJIDIÉ de Turquie, de commandeur avec plaque de SAINT-JEAN DE JÉRUSALEM et de commandeur de l'ordre de PIE IX.

L'amiral de la Grandière conserva le commandement de la station de Syrie jusqu'en février 1862.

A son retour en France, il occupa pendant quelques mois les fonctions de préfet maritime à Brest et à Cherbourg.

Ici se termine la partie purement maritime de l'existence de M. de la Grandière. Nous laissons avec confiance l'opinion publique juge de l'activité, du dévouement, de la valeur de l'homme de mer dont les états de services se chiffrent par cinquante-six ans de présence dans le corps des officiers de vaisseau, par vingt-neuf ans de services à la mer presque toujours dans les campagnes lointaines, et dix ans en temps de guerre dans des expéditions meurtrières, où sa brillante conduite fut plusieurs fois portée à l'ordre du jour.

Il nous reste maintenant à faire connaître les hautes capacités de l'amiral de la Grandière comme administrateur et organisateur. Pour cela nous n'aurons qu'à retracer les actes principaux de son administration dans le gouvernement de la Cochinchine, à constater l'impulsion qu'il donna à la colonisation et à relater les faits qui ont mis en notre possession toute la Basse-Cochinchine. Craignant que nos souvenirs ne soient par trop infidèles, nous emprunterons l'autorité de M. Vial, capitaine de frégate, qui fut longtemps Directeur de l'Intérieur en Cochinchine, ami et collaborateur de l'amiral de la Grandière dans l'administration de cette colonie. Son livre *Les premières années de la Cochinchine* nous fournira tous les documents et tous les renseignements nécessaires.

En 1863, quand l'amiral de la Grandière fut appelé à succéder à l'amiral Bonnard dans le gouvernement de la Cochinchine, la Colonie sortait à peine de la période de conquête, consacrée par un traité qui venait d'être ratifié à la cour de Hué. Son territoire, enclavé au milieu du royaume d'Annam, comprenait les provinces de Saïgon, Bien-Hoa et Mytho et nos troupes occupaient provisoirement la citadelle de Vign-Long, qui devait être et fut rendue aux Annamites aussitôt le traité de paix ratifié. L'existence de notre possession était à peine reconnue qu'elle faillit être compromise par une insurrection générale, suscitée par les agents de la cour de Hué qui, ne pouvant s'opposer aux progrès de nos armes, adoptait la politique de nous créer, sur le territoire concédé, des embarras tels qu'elle espérait nous dégoûter de notre nouvelle conquête et nous amener à une rétrocession.

Des bandes d'insurgés et de brigands parcouraient le pays, pillant, rançonnant les villages, jetant partout la terreur. Les Mandarins annamites, circulant librement sur notre territoire, répandaient le bruit de notre abandon prochain, ce qui éloignait de nous les populations, tandis qu'ils formulaient les menaces les plus horribles contre les chrétiens et les partisans de notre domination.

Malheureusement ces agissements étaient justifiés par la rétrocession du fort de Vign-Long et par l'envoi à Paris d'une ambassade annamite dont la mission avouée était de traiter du rachat du territoire concédé. En outre, la guerre et les troubles précédents avaient détourné les Annamites de leurs cultures et la disette menaçait. La position pour le nouveau gouverneur était donc exceptionnellement difficile.

Les premières mesures prises par l'amiral de la Grandière furent de créer de nouveaux postes militaires pour mettre le pays à l'abri d'insurrections générales, en même temps qu'il faisait parcourir le pays par de petites colonnes de soldats et que les canonnières ou les embarcations armées sillonnaient les rivières. C'était assurer la tranquillité à l'intérieur. Il voulut par lui-même voir le pays, étudier le caractère de ses habitants et se rendre compte des ressources et des éléments de sa prospérité future. Il acquit ainsi la conviction que, si la confiance renaissait dans ce peuple travailleur, doux et soumis, il suffirait de quelques années pour réparer les maux de la guerre et décupler ses richesses naturelles par l'accroissement de ses relations commerciales avec l'Europe, et surtout la Chine, dont les marchés ouvriraient un large débouché aux produits de la Colonie.

Pour parer aux éventualités de la disette, le gouverneur dut prendre un arrêté bien contraire à ses principes libéraux. Il interdit l'exportation du riz. Le commerce n'eut réellement pas à souffrir de cette mesure qui fut rapportée au moment de la récolte, quelques mois plus tard. Quelques secours d'argent aux cultivateurs pour l'achat des semences augmentèrent encore l'effet de cette décision. La population se sentit protégée, elle fut sensible à cette sollicitude. Il y eut dans les esprits un revirement en notre faveur, qui augmenta encore, lorsque l'amiral de la Grandière, dans un voyage au Cambodge, eut fait accepter au roi Noroddon le protectorat de la France. C'était la tranquillité des frontières nord de la Colonie que nous assurions par ce traité. Les Annamites furent profondément surpris, c'était une preuve de notre confiance en notre force, puisque nous ne craignions pas de nous poser en antagonistes de la politique de Siam, dont la puissance était si redoutée. En effet, le roi du Cambodge n'avait pu conserver sa couronne qu'en s'abaissant le plus possible devant son puissant voisin, qui s'était emparé déjà de ses plus belles provinces et menaçait de prendre le reste.

Devant une pareille ambition, Noroddon accepta avec reconnaissance la protection qui lui était offerte pour assurer le salut de son royaume.

En même temps, l'amiral de la Grandière employait toute sa fermeté à restreindre les dépenses qui, sous l'administration précédente, avaient été exagérées, et qu'il fallait réduire avec la plus rigoureuse parcimonie pour satisfaire aux exigences de la situation en France.

Malheureusement la Cochinchine avait hérité de l'impopularité accordée à toutes les expéditions lointaines, et les sacrifices étaient énormes pour l'expédition du Mexique.

La vitalité de la Colonie était en ce moment sérieusement attaquée, et le ministre éminent, M. de Chasseloup-Laubat, qui était à la tête de la marine, était son seul défenseur dans le conseil du Gouvernement. C'est à grand'peine qu'il obtenait les subsides presque insuffisants aux besoins les plus urgents du corps expéditionnaire. En outre, les ambassadeurs Annamites, envoyés à Paris, avaient fini par se faire écouter, et leur projet de rétrocession, moyennant une forte somme, avait trouvé faveur près de plusieurs ministres. Ils revinrent en Cochinchine avec l'assurance que des modifications importantes seraient apportées au traité Bonnard. En effet, ce fut le conseil de Siam qui reçut la mission d'aller à Hué discuter les termes du nouveau traité, dont les bases étaient la rétrocession de notre conquête à l'exception de Saïgon, Mytho, Thu-dan-mot, avec une zone de terrain de quelques kilomètres le long des fleuves qui réunissent ces points à la mer. En compensation, le roi d'Annam s'engageait à payer une somme de 100 millions de francs en cinquante annuités.

L'effet de ces négociations fut déplorable ; ce fut une explosion d'indignation dans tout le corps expéditionnaire. Se pouvait-il qu'on en vînt à trafiquer ainsi de l'honneur français, du sang si noblement versé ? Les colons européens en furent atterrés, les populations annamites perdirent toute confiance. En effet, nous ne semblions les attirer vers nous que pour mieux les compromettre vis-à-vis de leurs anciens chefs et les abandonner à la vengeance des Mandarins.

L'amiral de la Grandière vit de suite les conséquences fâcheuses de ce traité ; la difficulté de défendre les nouvelles frontières qui seraient trop étendues ; l'impossibilité de maintenir notre autorité sur les indigènes, assurés d'une protection sans limite près des Mandarins ; tracas continuels de la part de la cour de Hué, et enfin l'anéantissement de tout commerce et de toute industrie. C'était l'abandon de la Cochinchine à brève échéance. Fort heureusement, il trouva dans le ministre de la marine tout l'appui nécessaire, toute la fermeté et la sagacité désirables pour la défense de la Colonie. C'est à l'entente de ces deux hommes illustres, M. de Chasseloup-Laubat et M. de la Grandière, ces deux esprits éclairés et soucieux des intérêts de la France, que la Cochinchine doit son existence.

Le Gouverneur réunit tous les documents, tous les renseignements nécessaires pour éveiller l'opinion publique, lui faire entrevoir son avenir prospère, en même temps qu'il éclairait le gouvernement sur la situation financière du roi d'Annam. Celui-ci se trouvait dans l'impossibilité matérielle de tenir les engagements pécuniaires qu'il souscrivait. Le Ministre déploya la plus grande énergie et toute son intelligence des affaires à soutenir le maintien de nos droits, à combattre le projet de rétrocession.

L'admirable rapport qu'il adressa à l'Empereur décida du succès de l'entreprise qui donna à la France cette belle et florissante colonie, malgré les hésitations de notre gouvernement et la position difficile qui lui était faite.

Pendant ces hésitations, l'amiral de la Grandière poursuivait avec persévérance son œuvre de colonisation. Par ses ordres, des officiers distingués, après un travail conscieucieux, établissaient un compte exact des ressources de la colonie et des dépenses nécessaires à son administration. Dès les premiers mois de 1864, le premier budget de la Cochinchine était arrêté, publié et adressé au Ministère. En même temps l'amiral créait un corps d'administration recruté parmi les officiers les plus dévoués, les plus actifs du corps expéditionnaire. Les inspecteurs des affaires indigènes étaient investis de pouvoirs judiciaires assez étendus, ils étaient chargés de surveiller la rentrée des impôts, ils dirigeaient les travaux publics et commandaient les milices de leur circonscription pour assurer la police de l'intérieur et la tranquillité publique. C'était une administration simple qui mettait des magistrats dans le voisinage des centres de populations, multipliait nos rapports avec les indigènes et leur assurait la protection nécessaire à la défense de leurs intérêts. Il créa une Direction de l'intérieur par analogie avec ce qui existe dans nos grandes colonies, pour centraliser les différentes branches des services civils de cette nouvelle administration. Son intérêt pour les Annamites l'amena à établir des écoles, où les enfants apprenaient à écrire leurs langues avec nos caractères. La création de ces écoles valut à l'amiral de la Grandière les PALMES D'OFFICIER DE L'INSTRUCTION PUBLIQUE. Il fonda dans les centres les plus importants des hospices où les pauvres indigènes malades recevaient des soins de nos médecins de la marine et des sœurs hospitalières de Saint-Joseph. Il abolit l'usage des cadeaux si onéreux pour les populations sous l'administration des Mandarins. Il établit, en le régularisant, le service de la poste, mais il supprima le transport des individus et de leurs bagages par les corvées des villages.

Fort heureusement pour le maintien de notre protégé, le traité du Cambodge avait été ratifié en France. Les Siamois rappelèrent leur agent qui avait essayé vainement de lutter d'influence avec notre représentant, M. le commandant de Lagrée. Quelque temps après, les hauts dignitaires de la cour de Siam vinrent à Saïgon pour procéder, avec le gouverneur français, au couronnement du roi du Cambodge. Cette cérémonie se fit avec toute la pompe orientale dans le palais du roi, à Houdon, devant M. Desmoulins, capitaine de frégate, chef d'état-major général, délégué du gouverneur, et les officiers des bâtiments présents dans le haut du fleuve. Ce fut le délégué français qui reçut la couronne des mains de l'envoyé de Siam et qui la posa sur la tête du roi, en lui adressant un discours qui l'assurait de notre protection, s'il restait fidèle à ses engagements. Le roi rendit hommage d'abord à la France, en venant s'incliner devant son représentant; il salua ensuite les ambassadeurs siamois.

Notre bonne entente avec la cour de Siam recevait ainsi une première consécration. Cela n'empêcha pas notre nouveau vassal de reconnaître quelques mois après, par un traité clandestin, la suzeraineté du roi de Siam. Cette manœuvre de perfidie tout asiatique fut facilement déjouée, et le roi Noroddon, tout honteux, s'empressa de désavouer l'acte arraché à sa faiblesse ; il vint à Saïgon pour protester de son dévouement à la France. On lui fit une réception princière. Les honneurs dont il fut l'objet flattèrent sa vanité et nous l'attachèrent définitivement.

Pendant ce temps l'activité déployée par les commandants militaires des cercles, le zèle des inspecteurs firent tomber entre nos mains plusieurs chefs rebelles, entre autres l'agitateur Quan-Dinh, qui fut tué par un de nos partisans.

Plusieurs expéditions, conduites avec intelligence et vigueur, dispersèrent les bandes de brigands et de gens sans aveu qui, fortifiés sur les frontières de Bien-Hoa et de Baria, commettaient toute espèce de déprédations sur notre territoire.

Au commencement de 1865, le Gouverneur reçut enfin la confirmation officielle du refus du Gouvernement de ratifier le traité de rétrocession présenté par la cour de Hué. La Colonie avait donc enfin le droit de vivre et de prospérer. Une ère de tranquillité et de paix semblait s'ouvrir ; l'amiral, dont la santé était un peu fatiguée, profita alors de l'autorisation de rentrer en France. Le Ministre voulait, du reste, s'entendre avec lui pour tracer les voies les plus sûres de mener à bien leur entreprise coloniale.

Le Gouverneur quitta Saïgon en avril 1865, laissant le commandement en chef, par intérim, à M. l'amiral Roze, qui commandait la station navale des mers de Chine et du Japon.

Les quelques mois passés en France par l'amiral de la Grandière ne furent pas perdus pour la Cochinchine, grâce à l'unité de vue qui existait entre le Ministre et le Gouverneur pour le progrès de leur œuvre.

Les éminents services de M. de la Grandière lui valurent une réception très distinguée du Chef de l'État et sa nomination au grade de VICE-AMIRAL le 5 septembre 1865.

Ses propositions de récompenses pour les personnes qui avaient secondé ses efforts furent favorablement écoutées, et, avant son départ de France, il obtint de nombreuses distinctions de croix et de grades. Plusieurs de nos partisans annamites virent leur dévouement récompensé par la croix de la Légion d'honneur. Le roi Noroddon, notre vassal, reçut la croix de commandeur.

L'amiral de la Grandière revint en Cochinchine à la fin de 1865, il était accompagné de sa famille. C'était la preuve la plus grande du dévouement sans bornes que l'amiral apportait à son œuvre, puisqu'il ne craignait pas d'exposer ce qu'il avait de plus cher aux dangers et aux fatigues d'un long voyage, aux maladies d'un climat dévorant.

L'arrivée de Mme de la Grandière et de ses enfants eut une influence des plus heureuses pour la Colonie. Plusieurs officiers, des négociants notables sui-virent l'exemple du Gouverneur et firent venir leurs familles. Les dames attirées par l'amabilité de Mme de la Grandière se rassemblèrent dans les salons du gouvernement. Bientôt des bals, des concerts, des soirées théâtrales s'organisèrent et furent l'attrait de ces charmantes réunions, où chacun trouvait un accueil plein d'affabilité et de bienveillance.

L'arrivée de la famille du gouverneur causa une vive et salutaire impression parmi les indigènes, elle leur inspira la foi dans l'avenir, c'était la ferme assurance du maintien de notre domination. Dans les villages annamites, de véritables ovations accueillaient Mme de la Grandière et ses enfants ; les cœurs des mères de tous les pays se comprennent vite. Les femmes présentaient leurs enfants aux caresses des dames françaises ; on se disputait, on se bousculait pour les approcher de plus près. Cet empressement trouvait sa récompense dans mille petits cadeaux, mille attentions délicates, qui gagnaient à notre cause la sympathie des populations annamites. Les souffrances des malheureux trouvaient un puissant écho dans le cœur charitable de Mme de la Grandière, son exquise sensibilité, sa piété lui faisaient découvrir des misères aussitôt secourues.

Tous ceux qui ont approché Mme de la Grandière ont pu juger la femme de cœur et d'esprit et admirer son abnégation dans son œuvre de dévouement. Nous qui avons fait partie de l'état-major du gouverneur de la Cochinchine, de sa famille militaire, comme il disait, nous ne saurions témoigner trop de reconnaissance à la mémoire vénérée de la sainte et excellente femme qui nous a donné tant de preuves d'affectueux intérêt.

Au retour du gouverneur, la colonie se trouvait dans une situation de tranquillité qui faisait augurer brillamment de l'avenir; les rebelles n'avaient plus de chef ayant quelque autorité et nos relations avec la cour de Siam étaient des plus amicales. Le budget des recettes de la colonie pour 1866 était arrêté à plus de cinq millions de francs et l'on prévoyait de nouveaux progrès sous la direction d'un chef expérimenté tel que l'amiral.

Tout d'abord, un comité agricole et industriel, sous l'intelligente direction du chef d'état-major, M. de Jonquières, et composé d'officiers de bonne volonté et de négociants européens et chinois les plus notables, et même de quelques Annamites recommandables par leur position, s'occupa d'organiser la première exposition des produits coloniaux. En même temps, des délégations parcouraient les centres industriels et agricoles pour décerner les primes d'encouragement aux exploitations les mieux entendues, les plus habilement dirigées. Ce fut l'occasion de grandes fêtes, de courses, de régates qui amenèrent à Saïgon, de toutes les provinces de la Basse-

15

Cochinchine, un concours énorme de populations, émerveillées du spectacle nouveau et intéressant qui leur était donné. Ces expositions devaient se renouveler chaque année à la même époque. C'était un excellent moyen de faire connaître les ressources de toute nature de la colonie, en même temps que les Européens portaient à la connaissance des indigènes nos machines agricoles, nos locomobiles à vapeur, nos étoffes, en général les produits à l'usage des orientaux.

A la même époque, l'amiral s'occupa de mettre à exécution un projet qu'il avait formé depuis longtemps et dont il avait sollicité et obtenu la réalisation pendant son séjour en France. C'était de faire explorer le haut du Mé-Kong par une mission scientifique, dont les travaux devaient avoir les résultats les plus avantageux pour la colonie, en ouvrant de nouvelles voies à son commerce, et pour le monde entier en faisant connaître de vastes territoires jusque-là inconnus des voyageurs européens.

Le gouverneur apporta tous ses soins à la composition et à l'organisation de l'expédition, dont le commandement fut donné à M. le capitaine de frégate Doudart de Lagrée. L'intelligence, la sagacité et la sûreté de jugement dont cet officier avait fait preuve dans la conduite et la représentation de nos intérêts politiques au Cambodge justifiaient le choix de l'amiral. Le reste de la mission se composait de MM. Garnier et Delaporte, officiers de marine d'un rare mérite, de MM. les docteurs Joubert et Thoul, savants distingués, et de M. de Carné, neveu de M. de la Grandière, délégué du ministère des affaires étrangères, jeune homme aussi remarquable par la délicatesse de son esprit, la finesse de ses observations, que par son talent d'écrivain. Une escorte de soldats et de marins, hommes d'un dévouement sûr, des interprètes cambodgiens et annamites furent adjoints à l'expédition.

Les découvertes scientifiques et commerciales de nos voyageurs ont eu deux ans plus tard un retentissement considérable dans toute l'Europe savante. Tout en m'inclinant devant la gloire des hardis pionniers qui ont accompli, au milieu de tant de périls, au prix de tant de fatigues, ce voyage de plusieurs milliers de lieues dans des pays barbares et inconnus, qu'il me soit permis de rendre un juste hommage à la sage prévoyance du promoteur et de l'organisateur de l'expédition, M. de la Grandière.

L'amiral donna une grande impulsion aux travaux publics; il fit réparer les routes, reconstruire les ponts, creuser les canaux à l'aide de dragues à vapeur, construire de nombreux édifices pour le service de l'administration locale. Un dock flottant, en fer, fut mis à l'eau avec le plus grand succès et put servir à réparer les plus grands navires de la division navale.

A Cholen, les quais furent rebâtis avec passerelles en fer sur les canaux. Le jardin public qu'il avait créé fut mis sous la direction d'un savant distingué, M. Pierre, qui s'occupa à dresser la flore du pays. Tout semblait progresser à souhait. Malheureusement cette ère de paix fut rompue vers le milieu de 1866.

Des rebelles s'étaient rassemblés au milieu d'une immense plaine de joncs, dans l'ouest de la province de Mytho, s'y étaient fortifiés et, de là, faisaient des excursions dans les villages voisins, qu'ils rançonnaient; ils firent même plusieurs démonstrations armées contre nous. Cette situation était intolérable. Malgré les vagues renseignements recueillis sur le repaire de ces malfaiteurs, l'amiral résolut de couper court à leur déprédation. Il forma trois colonnes de quelques soldats et marins français, aidés de l'élite des milices indigènes, qu'il lança dans ce pays de marécages impraticables, où des souffrances de toutes sortes attendaient nos troupes; à la chaleur du jour succédait une nuit froide et humide; on se traînait au milieu des joncs avec de l'eau jusqu'à la ceinture; les moustiques, les sangsues, rendaient tout repos impossible. Ces misères furent supportées avec courage et une persévérance incroyables. L'expédition, qui fut couronnée d'un succès complet, fit le plus grand honneur aux officiers qui la dirigeaient. Les rebelles, après un combat opiniâtre, furent délogés de leur position, véritable citadelle armée de quarante pièces d'artillerie et défendue par trois cent-cinquante hommes. La réussite de l'entreprise eut beaucoup de retentissement, tellement on l'avait crue impossible.

Cependant nous n'étions qu'au début des tracas que nos ennemis devaient nous susciter. Tout à coup, en juin 1866, dans le nord de la province de Tay-Nuih, une révolte éclata parmi deux mille Cambodgiens auxquels nous avions donné asile. Ils avaient à leur tète Pu-Combo, qui se prétendait de race royale et réclamait la couronne du Cambodge les armes à la main. Ce Pu-Combo avait été pendant plusieurs mois notre hôte à Saïgon, où il vivait des secours que lui fournissait l'administration locale. Un beau jour il disparut et quelques mois après, à la tête d'une armée de fanatiques, il dirigeait ses premières attaques contre nous, ses bienfaiteurs.

Malheureusement, la surprise de cette attaque causa quelques imprudences, dont les premières victimes furent des officiers distingués, trop confiants vis-à-vis d'un ennemi qu'ils ignoraient. Le bruit des premiers succès de Pu-Combo lui valut un renom d'invincibilité qui se répandit comme une traînée de poudre dans toute la Basse-Cochinchine. Les bandes de rebelles se réorganisèrent pour unir leurs efforts à ceux des Cambodgiens. L'insurrection grandit tellement vite que peu de temps après, avec une audace peu commune, les Annamites attaquèrent au milieu de la nuit Tong-Kéou, un fort à quelques kilomètres de Saïgon. La garnison, quoique surprise dans son sommeil, sut se rallier à la voix des officiers. Les assaillants furent repoussés avec des pertes sérieuses. Une autre attaque sur Tram-Bao n'eut pas plus de succès. Les rebelles furent dispersés par une colonne de marins et de soldats envoyés dans le Can-au-ha. Pendant ce temps, les renforts envoyés à Tay-Nuih avaient permis de reprendre la poursuite de Pu-Combo. Il nous attaqua en plein midi dans les plaines de Tram-Vang; son armée ne tint pas en rase campagne devant nos troupes. Une charge de vingt-cinq cavaliers lui infligea une déroute des plus honteuses. Les Cambodgiens furent encore battus dans une seconde rencontre à Ba-Vang, où ils s'étaient fortifiés. Pu-Combo faillit être pris. Bientôt nous n'eûmes plus qu'à pourchasser les débris de ces bandes et le prétendant porta ses attaques au sein du royaume du Cambodge.

Par les papiers importants pris aux insurgés, l'amiral avait acquis la certitude que le gouvernement de Hué n'était pas étranger à ces événements; c'était là cette puissance occulte qui continuait à nous créer des embarras. Les mandarins des provinces de l'ouest avaient donné maintes et maintes fois asile et protection à nos ennemis; ils avaient même fourni des armes à Pu-Combo. Ces procédés étaient la preuve de la mauvaise foi apportée par le roi d'Annam dans l'exécution du traité; c'était la violation des conventions loyalement et librement consenties. Le gouverneur vint à se convaincre dès lors que l'occupation des trois provinces occidentales de la Basse-Cochinchine était nécessaire au salut de la colonie et au maintien de notre autorité.

Ne voulant pas brusquer les événements, il entra en négociations avec la cour de Hué. Le directeur de l'intérieur, M. Vial, fut envoyé en mission près du roi Tu-Duc pour lui exposer nos griefs et lui demander ses conditions de cession des trois provinces de Vign-Long, Chaudoc et Hatien, seul moyen d'assurer la tranquillité de nos possessions. Le roi repoussa nos avances, qui cependant jetèrent une grande inquiétude dans son esprit et dans son entourage. Il envoya à Vign-Long Phan-Tan-Gian, l'ancien chef de l'ambassade annamite à Paris; celui-ci vint visiter le gouverneur français en se rendant à son poste. L'amiral de la Grandière ne lui cacha pas que la conduite déloyale du gouvernement annamite rendait inévitable l'annexion des provinces de l'ouest à nos possessions. Ce grand mandarin pria le gouverneur de ne rien précipiter.

Cependant Pu-Combo continuait à guerroyer dans le Cambodge. Son armée, insaisissable pour nos soldats, infligeait des défaites sérieuses aux troupes du roi du Cambodge toutes les fois que celles-ci s'écartaient des nôtres. Il vint même jusqu'à Pnom-Penh et Oaddon menacer le roi notre protégé dans son palais. Fort heureusement quelques compagnies d'infanterie de marine dispersèrent son armée et il fut forcé de repasser le fleuve.

Les Siamois profitèrent aussi de nos embarras, et malgré l'opposition de l'amiral de la Grandière, ils firent, par l'intermédiaire de notre consul, un traité par lequel nous reconnaissions leur souveraineté sur les provinces cambodgiennes de Battam-

Bang et Siam-Rap. De son côté, le roi de Siam reconnaissait notre protectorat sur le Cambodge et annulait la convention passée avec Noroddon. Ce fut un acte des plus impolitiques de notre part. Nous n'avions pas besoin de sanctionner l'usurpation que le Siam avait faite autrefois en profitant des troubles du royaume du Cambodge.

Sur ces entrefaites, l'amiral eut occasion d'apprendre que le parti de la guerre à Hué avait pris le dessus, que les Annamites réunissaient des troupes et qu'ils faisaient circuler des bruits menaçants contre nous.

Voyant que la cour de Hué persistait dans sa politique sans foi, il décida l'occupation des trois provinces de l'ouest. Mais, soucieux du sang français et des souffrances du soldat, il prépara son expédition le plus secrètement possible. Trois mois à l'avance, les ordres, les instructions furent rédigées, les cartes préparées, et ces papiers non datés furent renfermés jusqu'au jour de notre entrée en campagne. Les prévisions de l'amiral s'étendirent jusqu'aux diversions qui pourraient être faites sur notre territoire. Un ordre prescrivait aux inspecteurs et aux chefs de poste la conduite à tenir pour maintenir l'ordre, et dans ce but les milices furent augmentées par de nouvelles levées.

C'est en juin 1867 que les ordres furent lancés. Douze cents hommes d'infanterie de marine furent rassemblés à Mytho, pendant que quatre cents miliciens, sous le commandement de huit inspecteurs, et les employés destinés à prendre l'administration des nouvelles provinces, étaient réunis au vieux Mytho. Tout ce personnel prit place sur dix canonnières. Le commandant en chef avait son pavillon à bord de son yacht l'*Ondine*. Ce fut le 19 juin, à minuit, que la flotille se mit en mouvement par Vign-Long. Au jour, une brume épaisse couvrait le pays et rendait les navires invisibles. Au moment où une brise légère vint dissiper le brouillard, la division navale jetait l'ancre devant Vign-Long; les troupes étaient mises à terre et sommation faite aux chefs annamites de rendre la citadelle. Ceux-ci purent s'assurer que toute résistance était impossible. Phan-Tan-Gian vint à bord de l'*Ondine* pour convenir de la remise de la citadelle. La population ne fut nullement effrayée de notre arrivée et de la présence de nos navires. C'était l'heure du marché, il continua, et nos soldats, après avoir déposé leurs armes dans leur nouveau casernement, purent aller y faire les provisions nécessaires à leur repas.

Sur l'invitation de l'amiral, Phan-Tan-Gian écrivit aux grands mandarins de Chaudoc et d'Hatien, pour les informer de nos bonnes dispositions, de notre désir d'éviter toute effusion de sang et de les engager à remettre leurs citadelles. Trois jours après, l'annexion des trois provinces occidentales était un fait accompli sans qu'il en coûta une goutte de sang à la France; à proprement parler, ce fut plutôt une promenade militaire. Tout l'honneur de cette conquête pacifique revient à la sage prévoyance de l'amiral.

Les conséquences de cet événement furent immenses, notre prestige en reçut un nouvel éclat, notre autorité en fut consolidée. Notre colonie, accrue d'un territoire double et admirablement fertile, qui comprenait l'immense delta du fleuve du Cambodge, n'avait plus que quelques lieues de frontières faciles à défendre du côté de Baria. entre les montagnes de Moïs et la mer. Les populations indigènes furent étonnées de cette nouvelle preuve de notre force. Les colons européens et les Chinois, prévoyant un accroissement de leur commerce, adressèrent à l'amiral les plus chaleureuses félicitations. Notre succès eut la plus heureuse influence sur la guerre du Cambodge. Pu-Combo vit diminuer le nombre de ses partisans. Les troupes du roi mirent une nouvelle ardeur dans leurs poursuites et Pu-Combo, surpris au milieu de quelques fidèles, fut tué dans la résistance qu'il fit pour se sauver.

En France, on ne sut pas tout d'abord apprécier les résultats de cette annexion. Quelques critiques regrettables furent lancées contre l'imprudence du gouverneur, qui s'exposait à de nouvelles et dangereuses complications ; des allégations mensongères contre son administration avaient déjà essayé de surprendre la bonne foi du ministre, alors M. l'amiral Rigault de Genouilly. Ce furent des impressions heureusement très passagères, mais que l'amiral ressentit vivement et dont le souvenir lui resta plein d'amertume.

Les grands avantages attachés à ce nouvel ordre de choses furent vite appréciés. Le corps expéditionnaire. sans augmentation, suffisait au maintien de la tranquillité dans tout le territoire annexé, le revenu de la colonie allait être doublé sans aggravation de charges pour la métropole et la sécurité de nos possessions ressortait clairement de l'isolement où elles se trouvaient des autres provinces du royaume d'Annam.

Le chef de l'État rendit justice à la sage prévoyance de l'amiral de la Grandière ; en reconnaissance de ses services éminents, il l'éleva au grade de GRAND OFFICIER DE LA LÉGION D'HONNEUR, 13 novembre 1867. Toute la colonie applaudit à cette distinction. Des fêtes furent données par le commerce de Saïgon en l'honneur du gouverneur et de sa famille.

Les désordres inévitables qui éclatèrent quelque temps après dans nos nouvelles provinces, à l'instigation des anciens mandarins et des partisans de la cour de Hué, furent facilement réprimés par l'activité des équipages de nos canonnières et des inspecteurs à la tête de quelques soldats européens et de leurs miliciens. Les rebelles ne recevant plus d'armes de l'extérieur ne purent s'organiser d'une façon inquiétante. Au commencement de 1868, tous ces troubles étaient dissipés. l'amiral profita de la tranquillité de la colonie pour se rendre au Cambodge et revint en faisant escale dans les principaux centres de commerce de nos provinces occidentales.

La santé de l'amiral de la Grandière et celle de sa famille avaient été assez éprouvées par le climat du pays. Il demanda à rentrer en France prendre quelques mois de repos. Ce fut en avril 1868 que la famille de la Grandière quitta la colonie. De grandes preuves d'affection et de reconnaissance lui furent données au moment de leur départ. L'amiral y fut très sensible, il s'éloignait à regret et pourtant il espérait bien alors revenir dans sa chère colonie, revoir sa *fille aînée*, comme il disait, tant il était attaché à son œuvre de colonisation.

Hélas, son retour en France n'eut pas l'effet salutaire qu'on attendait ; la maladie de Mme de la Grandière fit des progrès rapides que la science médicale fut impuissante à entraver. Tant de dévouement devait aboutir au plus affreux malheur. Six mois après son retour, l'épouse adorée, la sainte et tendre mère, la bienfaitrice de tant de misères s'éteignait au milieu de ses plus chères affections. La sérénité de son visage, la distinction de ses traits même après sa mort reflétaient encore la pureté et la noblesse de sa belle âme.

La douleur profonde de toute cette excellente famille fut vivement ressentie par ses nombreux amis, de tous côtés des preuves sans nombre de sympathie douloureuse vinrent lui dire l'immensité de la perte qui la frappait. Cette douleur devait s'accroître encore par la mort du capitaine de vaisseau, M. de Mauduit du Plessis, le chef d'état-major de l'amiral de la Grandière, son parent et son ami qui succombait aux atteintes de la même maladie, et par celle de M. de Carné, son neveu, qui mourut deux ans plus tard, des suites des fatigues de son expédition du Mékong.

Sous l'influence des secousses douloureuses qu'il venait d'éprouver, M. de la Grandière sentit s'accroître les souffrances qu'il supportait si énergiquement, si patiemment depuis quelques années. Il lui fallut se mettre entre les mains des médecins spécialistes qui, vu la gravité du mal, s'opposèrent à son départ de France. Il lui fallait renoncer à retourner en Cochinchine, se résoudre à ne plus revoir sa chère colonie, sa création... Quelles tristes désillusions ! Quels amers regrets pour ce cœur si hautement patriote !

Le vice-amiral de la Grandière dut continuer ses services à terre. En considération des services éminents rendus au pays, il fut maintenu dans le cadre d'activité par décret présidentiel du 30 juin 1872. Il avait rempli les conditions pour obtenir la dignité d'AMIRAL.

M. de la Grandière a su organiser l'administration de la colonie de la Cochinchine ; défendre avec énergie son existence menacée par des projets de rétrocession ; dévoiler la mauvaise foi et déjouer les intrigues de la cour de Hué ; assurer l'alliance d'un vaste royaume voisin ; maintenir avec fermeté notre autorité dans le pays, enfin accomplir par sa sage prévoyance la conquête pacifique, l'annexion des provinces occidentales et de la Basse Cochinchine. Par ce fait, et si nous tenons compte de notre protectorat du Cambodge, la France a recouvré en Asie un territoire à peu près égal à celui qu'elle possédait dans l'Inde au temps de Dupleix.

L'histoire juste et impartiale dira que M. de la Grandière fut un des officiers généraux qui ont le plus illustré la marine française, un des gouverneurs les plus éclairés de nos colonies. Nous qui avons eu l'honneur de faire partie de son état-major et de vivre dans l'intimité de cet homme illustre, nous devons ajouter qu'il était aussi distingué par ses qualités morales que par la noblesse et l'élévation de ses sentiments patriotiques. Il était modeste, affectueux, bienveillant pour tous ceux qui l'approchaient. Sa sollicitude pour tous ceux qui ont servi sous ses ordres, ne s'est jamais démentie, c'était la reconnaissance des dévouements qu'il avait su inspirer. Il possédait au plus haut point ces qualités d'exquise politesse, d'aménité, de haute dignité personnelle qui font aimer le chef et estimer l'homme.

Signé :

H. Amirault,

Capitaine de frégate.

Les enfants de l'amiral de la Grandière et de Mlle du Marhallac'h sont :

1° MARIE-PRUDENCE DE LA GRANDIÈRE, née à Quimper, Finistère, le 8 mai 1848.

2° AUGUSTIN-FÉLIX-MARIE VICOMTE DE LA GRANDIÈRE, qui suit.

3° CAROLINE-MARIE DE LA GRANDIÈRE, née à Quimper le 10 octobre 1851. Entrée comme religieuse Carmélite, en 1874, au monastère de l'avenue de Saxe, à Paris, dont elle fut nommée Prieure en 1888.

4° MÉLANIE-MATHILDE-MARIE-MADELEINE DE LA GRANDIÈRE, née à Quimper, le 14 février 1857, épousa au château de Trohanet en Briec, Finistère, le 5 juillet 1877, le COMTE LOUIS DE BLOIS DE LA CALANDE (1)

(1) Cette famille originaire de Picardie se rattache par ses traditions aux seigneurs de Trélon en Hainaut, qui tirent leur origine de la maison de Châtillon. Girard, puîné de Trélon, vivant en 1406, substitua à ses armes celles de sa femme, héritière de Crécy en Thiérache. La maison de Châtillon, qui fut alliée à celles de France et de Bretagne puis aux Sauzay, aux Rohan-Chabot et aux Goesbriand, a produit entre autres personnages célèbres : Gaucher, sénéchal de Bourgogne, qui se signala au siège de Saint-Jean-d'Acre en 1191, et à la bataille de Bouvines, en 1214 ; Jean, abbé de Sainte-Croix de Guingamp, puis évêque de Saint-Malo, mort en 1163, mis au nombre des saints ; Gaucher, conné-

né à Saint-Pol-de-Léon, le 2 octobre 1843. Il était magistrat, chevalier de la Légion d'honneur. Capitaine des mobiles bretons pendant la guerre de 1870-1871. Il donna sa démission de magistrat étant procureur de la République à Châteaubriant. Il fut élu conseiller général du Finistère pour le canton de Plabeunec, en 1891.

Il était fils du général de Blois de la Calande et de Mélite de la Boissière.

Leurs enfants furent :

A Marie de Blois, née au château de Kerascoet, commune de Coatmel, Finistère, le 15 juin 1878.

B Louis de Blois, né au château de Kerascoet, le 16 janvier 1880.

C Mélite de Blois, née au château de Kerascoet le 23 juin 1882.

D Jeanne de Blois, née au château de Kerascoet, le 11 octobre 1883, décédée au château de Kerascoet, le 24 mai 1893.

E Pierre de Blois, né au château de Kerascoet le 2 juin 1885, décédé à Brest le 9 décembre 1893.

F Albert de Blois, né au château de Kerascoet, le 3 avril 1887.

3° FÉLIX-PALAMÈDE-PIERRE-MARIE DE LA GRANDIÈRE, né à Quimper, le 27 avril 1859. Il entra à l'école militaire de Saint-Cyr en 1878, en sortit en 1880 comme sous-lieutenant et choisit le 2° régiment d'infanterie de marine. Peu après sa sortie de l'école, il fut envoyé en Cochinchine où il avait déjà été étant enfant quand son père était gouverneur de cette colonie. Il y fut nommé lieutenant en 1882. Au bout de deux ans il revint en France, mais sa santé avait été fort éprouvée par le climat. Il dut se faire mettre en non activité et donna sa démission en 1886.

---

table de France en 1286 ; Charles, dit de Blois, qui disputa la couronne de Bretagne à Jean de Montfort, fut tué à la bataille d'Auray en 1364, et dont la postérité s'est perdue dans les de Brosse ; Jacques, amiral de France, tué à la bataille d'Azincourt en 1415 ; deux lieutenants-généraux au gouvernement de Bretagne depuis 1739.

. La branche de la Calande établie en Bretagne depuis 1700 s'est alliée aux meilleures familles de cette province et a produit un général de brigade en 1861.

Les Châtillon portaient : De gueules à trois pals de vairs au chef d'or.

Les de Blois portent : D'argent à deux fasces de gueules chargées chacune de trois annelets d'or. Devise : *Agere et pati fortia*. (Voir pl. n° 15.)

BRANCHE DE BRETAGNE

REVENUE EN ANJOU A L'EXTINCTION DE LA BRANCHE AÎNÉE, EN 1888

XIX

AUGUSTIN VICOMTE DE LA GRANDIÈRE

Augustin-Félix-Marie, vicomte de la Grandière, né au château du Pérénou, commune de Plomelin, Finistère, le 29 juillet 1849, entra à l'École spéciale militaire de Saint-Cyr, le 19 octobre 1869 et en sortit, comme sous-lieutenant d'infanterie, le 14 août 1870, pour prendre part à la guerre contre l'Allemagne. Il fut fait prisonnier avec l'armée de Sedan, où il était à la suite du 74ᵉ d'infanterie. Il fut interné en Allemagne dans la petite ville de Mersebourg où il fut retenu jusqu'au 26 mai 1871. Rentré en France il rejoignit le 23ᵉ régiment d'infanterie qui se reformait au camp des Alpines. Il fut nommé lieutenant au même régiment le 3 mars 1873, puis capitaine au 119ᵉ le 30 décembre 1880. Il donna sa démission en mai 1885 et fut nommé chef de bataillon au 84ᵉ régiment territorial en juillet de la même année.

Il avait épousé en premières noces, à Brest, le 21 février 1877, à l'église Saint-Louis, BLANCHE-BENEDICTE-JOSÉPHINE AUBÉ DE BRACQUE-MONT (1), née au Havre, en 1856, décédée à Salins, Jura, le 17 février 1878. De ce mariage, un garçon mort en naissant le 10 février 1878.

(1) Cette famille, originaire de Picardie, est connue sous le nom de Bracquemont à cause d'une terre du même nom dont elle est en possession depuis 1400.
On y remarque : Quintin, marié en 1440, à Clémence de Lécourt dame de Daméry ; Philippe, qui fut gouverneur de Montdidier, et se maria en 1592, à Suzanne de Boisquillou ; Florent, également gouverneur de Montdidier, en 1628 ; Louis, capitaine d'une compagnie d'infanterie et capitaine appointé des chevau-légers de la garde de Sa Majesté

Il épousa en secondes noces, à Paris, 7ᵐᵉ arrondissement, à l'église Saint-Thomas-d'Aquin, le 28 avril 1880, BLANCHE-MARIE-SUZANNE DE SAINT-GENYS (1), née à Angers le 7 janvier 1859, fille de Arthur marquis de Saint-Genys (2) et de Caroline de Chabannes la Palice (3).

en 1689 ; Louis-Florent, qui servit longtemps dans les mousquetaires noirs, mort en 1712 ; Jean-François, capitaine de vaisseau au département de Brest ; Philippe-Honoré, capitaine au régiment de Limousin, tué le 20 août 1746 ; Jean-François, enseigne de vaisseau ; Philippe-Honoré, capitaine au régiment de Picardie, en 1762 ; un brigadier des armées navales en 1772.

Elle porte : De gueules à huit losanges d'argent appointés et mis en croix. (Voir pl. n° 16.)

(1) La famille de Saint-Genys est originaire de la seigneurie du même nom, en Champagne, qu'elle possédait dès le commencement du xvᵉ siècle, avec haute, moyenne et basse justice.

Nicolas-François et Anthoine de Saint-Genys furent enterrés dans l'église de Vitry-le-François, dans un tombeau de marbre noir portant leurs noms.

Au milieu du xviᵉ siècle, la branche aînée de la famille vint se fixer en Bretagne.

Nicolas de Saint-Genys, baron des Hourmeaux, gouverneur de Pontorson, défendit cette ville contre les Huguenots et reçut des lettres d'honneur de Louis XIII.

Denis-Charles, marquis de Saint-Genys, capitaine aux chevau-légers de la garde de Louis XV, chevalier de Saint-Louis, fut admis aux honneurs de la cour en 1774.

La famille de Saint-Genys s'est alliée en Bretagne aux : Artus Vivien, Visdelou, la Broisse, d'Orglandes, Savonnières, Beaudouin, Botherel, Forgaus, Lentivy, de Brée, La Moussaye, du Breignon, Chassaville d'Anycan.

Une branche de la famille s'était fixée à Paris en 1560.

Elle a fourni des conseillers du Roi, un grand juge, des conseillers du Parlement de Paris, des maîtres de la Chambre des Comptes, et s'est alliée aux d'Aligre, Thouilly, La Barre, Froment, Pontcarré, de Lionne, d'Aguesseau.

Les de Saint-Genys portent : D'azur au chevron d'or, accompagné en chef de deux étoiles d'argent et en pointe d'un chêne de sinople. (Voir pl. n° 16.)

(2) La mère du marquis de Saint-Genys était une Turpin de Crissé.

(3) La maison de Chabannes, originaire du Limousin, doit à son ancienneté, à ses alliances, aux grandes charges dont elle a été revêtue et aux services qu'elle a rendus à l'État, particulièrement depuis le règne de Charles VI, d'être classée parmi les principales familles de France. Les annales de l'histoire de France rapportent vingt seigneurs tués au service du Roi. Elle doit aux grandes alliances qu'elle a contractées, dès les temps les plus reculés, avec plusieurs maisons souveraines de l'Europe et à cinq alliances directes avec la maison de France, l'honneur de jouir depuis 400 ans du titre de cousin du Roi. Cette qualification a été confirmée, le 2 août 1769, par un brevet de Louis XV, donné à Compiègne. Le marquis de Chabannes du Verger a fait inscrire son droit à ce titre dans l'ordonnance de Louis XVIII, du 26 décembre 1819, qui le nommait pair de France. Cette maison tire son origine de Guillaume de Mathas, issu des comtes d'Angoulême, qui épousa, vers l'an 1130, Amélie de Chabanais et de Consolent.

A la mort de la comtesse de la Grandière, dernière représentante de la branche aînée, le 28 octobre 1888, il hérita comme légataire universel de toute la terre de la Grandière et du château de ce nom, berceau de la famille, et d'une grande partie de la terre de la Fautrière avec le beau château de ce nom, situé commune de la Jumellière, en Anjou. Il eut également l'hôtel de la Grandière à Angers.

Leurs enfants furent :

1° PALAMÈDE-PIERRE-FÉLIX-MARIE DE LA GRANDIÈRE, né à Paris, 7me arrondissement, le 1er janvier 1881.

3° MARIE-THÉRÈSE-ANNE-CAROLINE DE LA GRANDIÈRE, née au Havre (Seine-Inférieure), le 26 juillet 1882.

JACQUES-FÉLIX-MARIE DE LA GRANDIÈRE, né au château de la Gemeraie, commune de la Chapelle-sur-Oudon (Maine-et-Loire), le 6 août 1883.

YVONNE-MARIE DE LA GRANDIÈRE, née à Paris, 7me arrondissement, le 10 novembre 1884.

PIERRE-HENRY-MARIE DE LA GRANDIÈRE, né au château de la Gemeraie, commune de la Chapelle-sur-Oudon, le 7 août 1886, décédé à Angers, le 6 janvier 1889, inhumé dans le caveau de la chapelle du château de la Fautrière.

On y remarque : Guy, croisé en 1250 ; Robert, tué à la bataille d'Azincourt en 1415 ; Hugues, tué à la bataille de Cravant en 1423 ; Jacques, sénéchal et maréchal du Bourbonnais, grand maître de France, qui établit la famille dans le Bourbonnais par l'acquisition de la ville et du château de la Palice, mort en 1453 ; Jean, tué en 1524, en même temps que Bayard ; Antoine, évêque du Puy en 1535 ; Jacques, maréchal et grand-maître de France en 1511, tué à Pavie en 1524.

Des branches nombreuses et illustres qu'a fournies cette maison, deux seules subsistent. Elles ont pour auteur commun Joachim de Chabannes, baron de Curton, comte de Rochefort, petit-fils de Gilbert et de Françoise de la Tour d'Auvergne. Il épousa : 1° en 1522, Pétronille de Lévis ; 2° en 1526, Louise de Pompadour ; 3° en 1533, Catherine de La Rochefoucauld ; 4° en 1547, Charlotte de Vienne. De ces diverses unions il eut 14 enfants, dont entre autres deux fils, l'un de son troisième mariage, l'autre de son quatrième qui sont les auteurs des deux branches existantes.

Cette famille porte : De gueules au lion d'hermine, lampassé, armé et couronné d'or.

Fouques de Kersalio

de la Monneraye

de Tournadre

de Wolbock

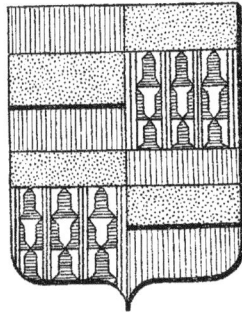

de Blois

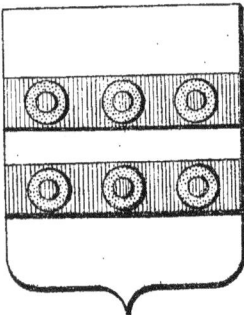

de Puitesson

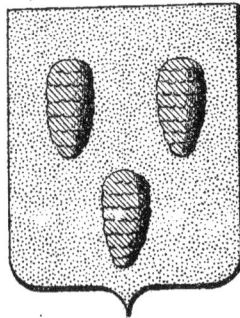

du Marhallach

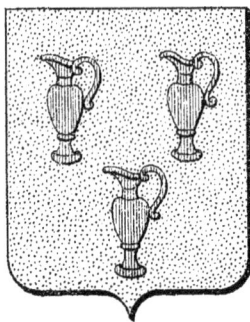

de Bracquemont

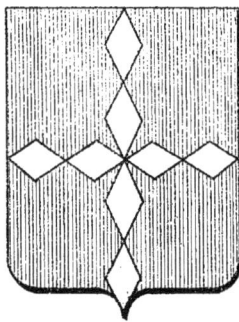

de Saint-Genys

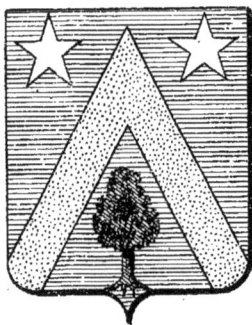

de Tinguy

de Callac

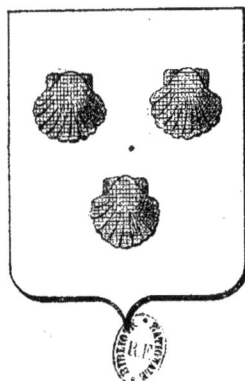

BRANCHE DE VENDÉE

XVIII

FÉLIX DE LA GRANDIÈRE

Félix-Marie de la Grandière, né à Redon, le 6 janvier 1820, épousa le 27 novembre 1855, à Rocheservière (Vendée), ZÉNOBIE DE TINGUY (1), née en 1822 et décédée à Rocheservière le 9 juillet 1868 ; elle était fille de Onésippe-René-Michel de Tinguy et de Marie-Henriette-Clémentine Acguet de Ferolles.

(1) La famille de Tinguy, originaire de Bretagne, se trouve établie, vers la fin du XIVᵉ siècle, dans la mouvance de la seigneurie et châtellenie de Rocheservière, en Vendée.

On y remarque : Philippe, seigneur de la Garde, vivant en 1381 ; Thomas, seigneur de la Garde, succède au précédent en 1401 ; Jean, dont il est fait mention en 1464 ; Jean. qui épouse Marie Travers en 1480 ; Robert, fils aîné du précédent, épouse, en 1515, Françoise Chauchet ; Pierre, son fils, épouse, en 1575, Guillemette d'Avaugour, et en secondes noces Marguerite Allard de Boisimbert ; Benjamin, fils aîné du second lit, seigneur de la Garde, des Audarys, de Vanzay, de Nesmy et de Girondin, épouse, en 1605, Anne-Bertrand de Saint-Fulgent, duquel mariage sont nés sept enfants, et entre autres les trois suivants, auteurs des trois branches distinctes : 1° Abraham, tige des branches de Nesmy et de Beaupuy ; 2° Florimond, de qui descendent les branches de Vauzay, du Pouët et de la Giroulière ; 3° Benjamin, père des branches éteintes de Soulette et de la Naulière.

Cette famille porte : D'azur à quatre fleurs de lys d'or 2 et 2. (Voir pl. n° 16.)

Zénobie de Tinguy est de la branche de la Giroulière, dont voici la filiation directe : Florimond, seigneur de Vanzay et de Girondin, épouse, en 1665, Elisabeth Bouquet ; Abraham-Théophile épouse, en 1695, Marie-Anne Suzannet, ils eurent plusieurs enfants, entre autres Jean-Abraham qui fut l'auteur de la branche de la Giroulière ; il était seigneur de la Sauvagère et épousa, en 1746, Perrine Bruneau de la Giroulière, il eut onze enfants, entre autres Louis, qui épousa, en 1786, Renée-Sophie de Barberi, et qui fut père d'Onésippe, chevalier de la Légion d'honneur, père lui-même de deux enfants : Alphonse et Zénobie.

Il fut longtemps maire de Rocheservière, puis membre du Conseil général de la Vendée. Il mourut au château de la Source, près Rocheservière, le 27 septembre 1890.

Leurs enfants furent :

1° CLÉMENTINE-MARIE-SOPHIE DE LA GRANDIÈRE, née à Rocheservière le 1er novembre 1856. Elle épousa, le 4 octobre 1880, ARTHUR DURCOT DE PUYTESSON (1), fils de Benjamin-Ernest Durcot de Puytesson et de Marie-Augustine-Jeanne-Arsène Pelletier de Montigny.

Il mourut le 10 octobre 1886, laissant trois enfants : Sophie, Germaine et Guillaume.

2° SOPHIE DE LA GRANDIÈRE, née à Rocheservière le 18 août 1860, décédée à Nantes le 18 janvier 1882, sans alliance.

3° LOUIS DE LA GRANDIÈRE qui suit.

XIX

LOUIS DE LA GRANDIÈRE

Louis de la Grandière, né à Rocheservière, le 19 avril 1858, engagé volontaire dans la cavalerie en 1879, sous-lieutenant au 12e hussards le 15 septembre 1884, lieutenant au 13e chasseurs le 22 septembre 1888, donna sa démission à la mort de son père, en 1890, et lui succéda au Conseil général de la Vendée pour le canton de Rocheservière.

(1) Suivant une tradition de famille, les Durcot seraient d'origine écossaise. On les trouve à la fin du xve siècle établis dans les paroisses de Chauché et de Saint-Denys de la Chevasse, en Bas-Poitou.

On y remarque : Guillaume, seigneur de la Servantière, vivant en 1481 ; il laissa deux fils, Oudet et Guillaume, ce dernier tige de la branche de l'Étang ; Oudet épouse, en 1496, Catherine Pelletier ; Gilles, seigneur de la Roussière, de Saint-Denys, baron de la Grève, épouse, en 1519, Marguerite de la Moce et en 1539 Marie Dorin ; de ce second mariage il eut sept enfants dont Claude, le troisième, est l'auteur de la branche de Puytesson, seule existante aujourd'hui. Ce Claude Durcot, seigneur de la Coudraye, épousa, en 1603, Anne de Saint-Hylaire, dame de Puytesson.

Les Durcot de Puytesson portent : D'or à trois pommes de pin de sinople. (Voir pl. n° 15.)

Il a épousé, le 9 août 1892, au château de Grémieux, près Quintin (Côtes-du-Nord), BERTHE MORAUD DE CALLAC (1), née à Quintin, le 27 juin 1864, fille de Hyacinthe-Eugène vicomte de Callac, colonel d'artillerie, et de Berthe Garnier de Kérigant (2).

---

(1) La famille Moraud de Callac, originaire de Bretagne, a possédé les seigneuries de la Provostière, d'Orgères, de la Hérissaye, du Dérau de la Haie, de Callac, de la Herbretais. On y remarque : Raoul, qui prête serment au duc entre les nobles de Saint-Malo, en 1437 ; Jean, qui épousa, en 1474, Orfraise de Tréquéné ; François, seigneur du Dérau, chevalier de l'ordre du Roi, convoqué aux États de Quimper par lettre d'Henri IV, en 1601.

Elle porte : D'argent à trois coquilles de sable. (Voir pl. n° 16.)

(2) Les Garnier, seigneurs de Kérigant, remontent à Jacques qui épousa, en 1545, Jeanne Jégou.

Ils portent : D'argent au treillisé de gueules, cloué d'or, semé de roses de gueules, une dans chaque claire-voie.

TABLE ALPHABÉTIQUE

DES PRÉNOMS

DE MESSIEURS ET MESDEMOISELLES DE LA GRANDIÈRE

TABLE ALPHABÉTIQUE

DES

NOMS DE FAMILLE CONTENUS DANS LA PRÉSENTE NOTICE

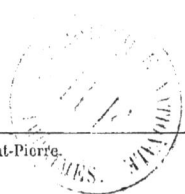

Angers, imprimerie LACHÈSE et Cie, 4, chaussée Saint-Pierre.

ERRATA

Page 123, note (1) :

Au lieu de Artus Vivien, lisez : *Artur Vivien.*

—   Forgaus   — *Forzans.*

—   Chassaville   — *Chassonville.*

Imp. Lachèse et Cie

www.ingramcontent.com/pod-product-compliance
Lightning Source LLC
Chambersburg PA
CBHW072239270326
41930CB00010B/2188